U0035218

股票超入門 4

我做過1000次以上的當沖，
深知獲利不能相信專家理論，要學習贏家經驗——

當沖大王

口碑大好評！
全新增訂版
————————方天龍 著

恆兆文化

金管會三箭，
把當沖變成必修課！

　　剛剛接觸股市的人，可能由於受到老一輩投資人的警告，也可能由於股市遊戲規則的限制，多半是從「現股」開始玩起。但是，在經歷幾個月的投資試煉之後，都會對可以用較少價錢買賣股票的「資券操作」——當沖產生興趣。因為股市新手一上了「股票桌」，早晚都會覺得自己的錢不夠多。

　　當股市新人的條件在「信用交易」的門檻合格之後，便開始使用融資融券的方式買賣股票。起初會有一種穿上鞋子跑步的感覺，多少對踩到碎石子比較不怕，也比較有自信了。同時，自己的步履也輕快不少。

　　至於「當沖」、「當軋」的意思，只要接觸過「信用交易」的股友，差不多都知道。當沖即為「當日沖銷」、當軋是「當日軋平」的意思，前者是指先用融資買進某一檔股票，後用融券賣出同一檔股票，只要是數量（張數）相同，就可以當日沖銷，這簡稱為「當沖」；後者則是指先用融券賣出某一檔股票，再用融資買回同一檔股票，只要是數量（張數）相同，就可以當日軋平，這簡稱為「當軋」。

這兩者都是指在同一天內買、賣同一檔股票，而且是同樣的數量。不同的股票種類或不同的張數，就不能「當沖」或「當軋」。

聽起來簡單，但仍有不少讀者（多是股市新人）來信問過我，可見得有必要再說得更清楚一點。我們以「台積電」為例，「當沖」、「當軋」的操作細節如下：

1.	先買後賣 （看多）	在某一天， 個股相對低檔的時候	買三張台積電	用融資	買進	注意 高檔出現
		在同一天， 個股相對高檔的時候	賣三張台積電	用融券	賣出	及時沖掉 就賺錢了
2.	先賣後買 （看空）	在某一天， 個股相對高檔的時候	賣三張台積電	用融券	賣出	注意 低檔出現
		在同一天， 個股相對低檔的時候	買三張台積電	用融資	買進	及時軋掉 就賺錢了

如果是一般的、不同一天、不同一個數量（張數）買賣的時候，則是如此：

1.	先買後賣 （看多）	在某一天， 你覺得是低檔的時候	買三張台積電	用融資	買進	期望 買低賣高獲利
		在不同的一天， 你覺得是高檔了	先賣掉一張或 兩張台積電	用融資	賣出	這就叫做 「落袋為安」
2.	先賣後買 （看空）	在某一天， 你覺得是高檔的時候	賣三張 台積電	用融券	賣出	期望 賣高買低獲利
		在不同的一天， 你覺得是低檔了	先補回一張或 兩張台積電	用融券	買進	這就叫做 「放空成功」

看到筆者如此「驚人」的詳細表解，老手可能會莞爾一笑，不過這對不懂的新人絕對幫助甚大。您不相信有很多新人常常弄錯嗎？尤其「網路下單」的時候，沒人指點，一切得靠自己，非徹底搞清楚不可。千萬別跟自己的銀子過不去。

台股有時非常虛弱，做「當沖」需要「大量」的成交值，才好沖來沖去。然而，自從證所稅在2013年6月下旬翻案成功，證券圈一度歡欣鼓舞。不過，激情並未蔓延過久，台股交易量也並沒有立刻起死回升，2013年7月、8月的日均量，和2012年的日均量相比，反而縮減了。這實在是傷腦筋的事。依過去的經驗，台股的每日平均量至少也要上千億元，才有較大的行情。

所幸新的政策來了，這也是本書增訂版需要加強說明之處。

為了振興股市，金管會曾銘宗主委祭出了英明的「三支箭」，這是最新消息，攸關今後的股市生態極大，不可不知：

一、開放集中交易市場指數成分股150檔，另加富櫃50的「現股當日先買後賣沖銷交易」。

二、開放可以在平盤以下融券(借券)放空的股票，增至約1200檔股票、台灣存託憑證 (TDR)及ETF。

三、開放自營商可以用漲、跌停板買賣。

第三項措施的好處，是方便超級大戶——自營商可以把股價殺到跌停板，也可以拉到漲停板。

自營商的力量更大，這對散戶是更幸福呢，還是更危險？目前尚難評估；這一部分是否有助於自營商對市場造市功能的恢復，也還很難說。

但是，我可以想像自營商是更容易賺錢了。自營商如果扮演的是義俠警探、扶弱濟傾，那當然是好事；如果反而如我其他書上所說，利用其龐大資金，扮演「隔日沖大戶」的角色（我有足夠的證據說明這種官方看不到的死角），今天從低檔一步步拉到漲停，明天從盤上又一路殺到跌停板，那就不啻是警察耍流氓……還沒人可以制裁了！

當然，這是我獨家的淺見。不過，官方如此幫助自營商坐大，對我們用功的讀者也有好處。

因為懂得看書研究、了解如何因應，就會是贏家！死的是那些缺乏了解、又懶得仔細研究的一般散戶罷了！加油！知識萬歲！

至於金管會開放上市、上櫃大量的股票可以在平盤下放空。

我覺得非常好！

這些措施並未圖利任何單位，而是人人可以參與。料想今後的股市必然「波動性」變大了。也就是說，「大家來玩大一點」。這對懂股票當沖的人非常有利！就

連櫃買中心總經理李啟賢也指出，增加平盤下放空可望激勵量能成長一成至二成，對資本市場相當正面。

　　基於以上新制的提示與解讀，這本當沖的書勢必更符合您的需求了。讓我們弄清楚資券操作的遊戲規則，然後用力拚經濟吧！

2013/10 方天龍

作者信箱：kissbook@sina.com　　部落格:http：//blog.sina.com.cn/tinlung8

恆兆圖書網(相關圖書購買)：http://www.book2000.com.tw/

CONTENT

CHAPTER

o5

精精選／盤前必修的選股課 091

CHAPTER

o6

看價量／只用 1 招捉飆股 121

CHAPTER

09

10

CHAPTER 1

好好練／
有盤感有獲利

盤感，是個不容易懂的東西。

有時，必須推理；

有時，要連想；

有時，還要仰賴軟體。

這些事專家不會教你，

只有贏家才能說出經驗。

訓練盤感 1
一眼就知道能不能做當沖

　　時代的巨輪不斷在前進中，從事股票投資，也要因應新局、熟諳新制、學習新法，才能趕上節奏，不致慢了拍子。在本書的「作者序」中，筆者已把目前台股的最新措施及改變詳加說明，請務必先去看看我的解讀，然後再來談「當沖」。

　　常常有人問我，玩了二十年股票，綜合起來說，你究竟是贏，還是輸？

　　在我聽起來，總覺得問話的人像是「看好戲」的門外漢。這話真的很難回答！好像讓他知道你發財了，就喪失了拒絕借錢給他的權利；讓他知道你破產了，就有了被他嘲笑的義務。是不是兩面不討好？這個時候，說真話還真的很難。

　　其實，我認為這不能用「綜合」、「求平均值」的方式來求得答案的。任何人初入股海，如果沒有高手帶領，都可能迷航。林肯在當選總統之前，不是也經歷過無數次的失業、競選失利、開辦的企業倒閉、償還欠債的日子長達十七年？孫中山在武昌起義成功之前，不是也失敗了十次（據統計，從1894年到1911年發動的革命事件就失敗了29次）？

同樣的，在股市中誰沒繳過「學費」？誰沒住過「套房」？

所以，重要的不是你究竟碰過幾次漩渦或礁石，而是最後你的位置是否偏離了方向、能不能找到往後操盤的正確目標與獲利模式？這就好像某部武俠小說中一個任人欺負的小孬種，從來是被人嘲諷的對象，但是只要最後拿到了武功秘笈或藏寶圖，他就什麼也不怕了。只要擁有一把「仙劍」就足以仗劍行俠、斬魔除妖，何必在乎過去是如何坎坷！

相反的，一旦缺乏有效對策，即使「天帝」也可能被六道之外的「邪劍仙」囚在鎖妖塔中，無可奈何！

時至今日，我對當沖看法有以下的建言：

一、練好你的「盤感」。

股票最重要的能力就是看懂多空方向，大陸的股民喜歡講「盤口」，台股的投資人也一樣要關心的是「盤面」上的變化，這是一種對盤面變化的直覺能力，源於過去經驗累積之判斷功夫，簡稱為「盤感」。我們不只應該把自己的盤感，訓練到對多空的走勢能夠掌握，也要訓練一看就知道什麼股票能做「當沖」，什麼不能做「當沖」。

例如圖1-1，這是2013年9月13日的一檔股票「富鼎」（8261），它被主力控制在最高15.2元，最低15.1元的「匍伏前進」中。如果你要買15.1元，就得排在第3324張之後的順位，如果你要賣15.2元一樣要排隊。就算你賣到15.2元了，也接不回15.1元，頂多是買到15.15元。

那麼如果做當沖，能賺錢嗎？

像這樣的股票，你就要懂得放棄。圖1-2，也是如此。這是「富鼎」9月14日盤中的「分時走勢圖」。如果你要買15.1元，就得排在第5562張之後的順位，如果你要賣15.2元一樣要排在361張之後。就算你賣到15.2元了，也接不回15.1元。

這樣的實例，可說也是台股的「奇跡」之一。

圖1-1　「富鼎」（8261）在2013年9月13日盤中的「分時走勢圖」。

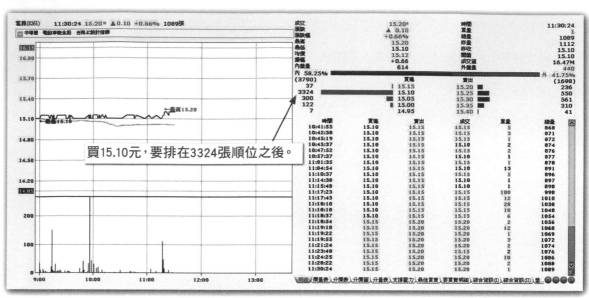

（圖片來源：XQ全球贏家）

圖1-2　「富鼎」（8261）在2013年9月14日盤中的「分時走勢圖」。

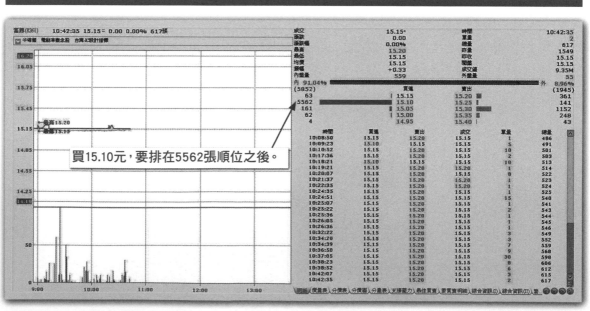

（圖片來源：XQ全球贏家）

二、善用有效「工具」。

　　近年的台股新主力都是用程式交易在操盤的，如果你能有一套比較犀利的股票專業軟體，或選擇比較容易上手的免費看盤軟體，在操作上更容掌握時機。

　　每一位讀者都不一定是專職的操盤人，更多是沒辦法看盤的上班族。時至今日，科技已經進步到許多傳統老闆不瞭解的狀況了，大部分公司的職員都有機會在上班時偷看一下電腦畫面，然後迅速「縮小化」；即使出外洽公的人也能運用手機、平版電腦、特殊軟體等等各種行動網路看盤及下單。如果您覺得「沒辦法看盤」，是因為你玩股票還不夠精。其實，我也認識幾位股市老手，他們都能在上班時間以當沖獲利。當然，在道德上，我還是要勸沒有經濟壓力的年輕人認真工作才是正途。

圖1-3　主力大戶多半用「程式交易」的方式下單。圖為股票專業軟體用 Chaikin指標，來測試多空力道。

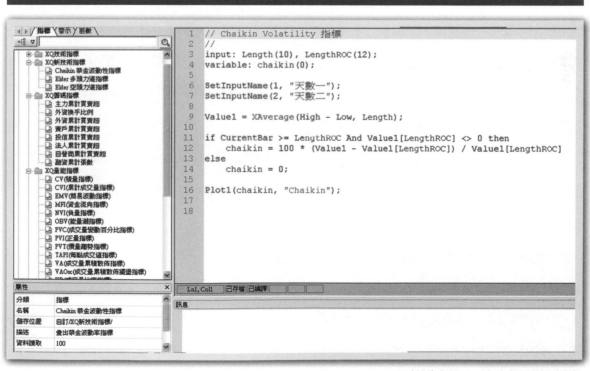

（圖片來源：XQ全球贏家XS新功能）

三、追蹤股價「因果」。

每一檔股票，背後必定都有一段故事。這故事是由主角（主力）和劇情（主力思維、政策發佈、景氣變化、股友心理等等綜合因素）演繹出來的結果。凡事有因必有果。股價的形成，也不例外。我們股票專業投資者每天在研究什麼呢？基本面的研究，當然包括景氣循環的位置、各種參數的營收、股利分配的情況……，而技術派的研究，除了各種指標及K線的變化之外，還要追蹤籌碼的歸向。

從前筆者經常以「當沖」訓練自己的「盤感」，有時可以在早盤不到三分鐘就出手買進某檔股票，而那檔股票果然不到一刻鐘就拉上漲停，筆者就逆勢把股票「沖」掉了。這樣的戰績經常讓許多朋友嘖嘖稱奇，問我是怎麼會發現該檔股票可能會漲停。

其實這個問題很難用一句話把秘訣說出。

每一檔股票會不會拉漲停，往往在盤中從它「多空」的力道以及主力的企圖心可以分析出來。然而，在短短幾分鐘會拉漲停的股票，事實上是在盤中來不及分析的，而是在前一天就做好功課、估計今天會拉漲停的。所以，在盤前就已經追蹤過籌碼的來龍去脈、因果關係，並鎖定它們的個股，即時盯盤買進或賣出，才可能辦到的。筆者也曾試用過股票專業軟體的特殊功能，這種特殊功能（有點像「大戶作業系統」）在有各種可能漲停的指標程式出現時，會有「警示」訊號通知客戶，然而筆者接到訊號時常常還真手忙腳亂，來不及因應呢！可見最厲害的還是「人工」的智慧分析，而這種分析是來自經驗的累積、對一檔個股的歷史故事的熟諳，有以致之。

所以，當沖要玩得很好，需要在前一天就做好功課，盤前先鎖定幾檔個股，才可能有極佳的成果。

舉例來說，在前述的「練好你的『盤感』」中，「富鼎」（8261）的表現奇特，你就得知道它的「故事」。原來它所以如此，是有一段「前因後果」的。

證交所重大訊息公告

(8261)富鼎-本公司對英屬維京群島商華創聯合股份有限公司（Merit Alliance Investment Limited)公開收購本公司普通股股份之相關事宜說明

公開收購申報日期：2013年8月30日

收購期間：9月2日到10月21日止，每張1萬5530元（每股15.53元）

以上的訊息在2013年8月30日就公佈了。緊接著壞消息就出來了，看來旨在「壓制」股價：

富鼎8-9月營收看持平，Q3季增率恐難達雙位數

(2013/09/03 10:19:26)

精實新聞 2013-09-03 10:19:26 記者 王彤勻 報導

Mosfet廠富鼎(8261)近期因投入綠能車用高功率IGBT元件的開發，被視為電動車概念股，加上華創聯合宣告將以每股新臺幣15.53的價格(以8月31日收盤價13.5元計算，溢價幅度達15%)，自9月2日到10月21日期間，公開收購富鼎股份，也激勵富鼎近期股價強勁表態。而展望後市，富鼎指出，7月營收已略有起色，月增16.06%來到1.82億元，而8~9月營收，估計亦可望支撐在與7月持平的水準。

惟富鼎坦言，Q3的PC旺季表現並不明顯，因此估計Q3營運雖可望較Q2稍佳，不過營收成長幅度恐難追上往年雙位數季增率的水準。

富鼎日前已公告Q2財報，單季營收的4.86億元雖與Q1近乎持平，不過因處分呆滯品、導致銷貨成本上升，因此Q2的毛利率從Q1的15.14%，大幅滑落至8.6%，營業淨損1567.9萬元。惟因有匯兌收益挹注，Q2稅後淨損縮小至891.7萬元，幅度較Q1的淨損1768.5萬元減少。

法人估，富鼎Q3雖仍有呆滯品的處分要認列，不過金額應不至於超過

Q2，因此估計其Q3除營收上揚外，毛利率也可望重回雙位數的正常水準。

富鼎和茂矽(2342)聯合申請的「綠能車用高功率IGBT元件技術開發計畫」，日前通過經濟部的業界開發產業技術計畫，也引發未來有機會切入電動車市場的聯想。不過就富鼎目前產品組合而言，仍以低壓Mosfet為主，占整體營收比重逾5成，毛利率較優的高壓Mosfet約占2成，PWM IC及線性穩壓IC約占1成，其他合計約占2成。

華威集團旗下的華創聯合宣佈，自今年9月2日至10月21日止，以每股15.53元的價格公開收購富鼎股份，且預定公開收購最高數量為6536萬股，占富鼎股權47.2%，最低收購數量則約692.4萬股，占富鼎股權約5%。而截至公開收購起始日，華創聯合並未持有富鼎任何股份，收購完成後，無論收購比重如何，華創聯合也將繼續經營富鼎，富鼎也會繼續掛牌交易。

2013年9 月6日會計師認為13.50元至16.20元是合理價，**審議委員會認為15.53元收購條件很公平。**

富鼎：英屬維京群島商華創聯合公開收購公司普通股之審議委員會審議結果   (2013/09/06 17:08:23)

證交所重大訊息公告

(8261)富鼎-本公司對英屬維京群島商華創聯合股份有限公司(Merit Alliance Investment Limited)公開收購本公司普通股股份之審議委員會審議結果

1.收到公開收購人收購通知之日期:102/08/30

2.召開日期:102/09/06

3.會議出席人員：委員王傑、委員陳勁卓、委員洪雅淑。

4.委員會就本次收購審議結果，並應載明審議委員會同意或反對之明確意

見及反對之理由：

全體出席審議委員無異議通過本公司對股東建議如下：

經參酌英屬維京群島商華創聯合股份有限公司(Merit Alliance Investment Limited)提出之公開收購申報書、公開收購說明書及其他書件，係依照主管機關規定之公開收購條件及程式，本審議委員會認為其收購條件尚符合公平之原則。

另參酌林志隆會計師提出之合理性意見書，認為合理之交易價格區間為每股新臺幣（以下同）13.50元至16.20元，而本次英屬維京群島商華創聯合股份有限公司(Merit Alliance Investment Limited)之公開收購價格為每股15.53元，位於前述會計師建議之合理交易價格之區間內。且依據臺灣證券交易所上市股票個股歷史行情資料，本次公開收購價格與本公司102年8月30日過去三十個交易日之平均成交價11.81元相比，溢價為31.50%。本次公開收購價格與本公開收購案宣佈日102年8月30日之收盤價13.5元相比，溢價達15.0%，另本公司最近期經會計師核閱之民國102年第二季財務報告之每股淨值為12.79元，故本審議委員會認為本次公開收購價格尚屬合理。

綜上，全體出席委員認為，本公開收購案之條件及價格應屬公平與合理。

准上說明，建議股東可參與應賣，但仍請股東應詳閱英屬維京群島商華創聯合股份有限公司(Merit Alliance Investment Limited)之公開收購公告及公開收購說明書中所述參與應賣之風險，自行決定是否應賣。

有這樣的理解之後，我們就要查出它的基本資料：

一、它是上櫃股票。二、所屬產業：IC設計。三、股本13.85億元。四、每股淨值：12.79元。五、營業毛利率：8.6 %。六、負債比例：24.13%。七、股東權益報酬率：-0.5%八：初次上櫃日期：2004.4.15（已近十年）

接著，追蹤它的籌碼，發現從消息曝光以來，已有多方人馬介入。

圖1-4　2013年8月30日至2013年10月2日「富鼎」（8261）主要券商買賣超

	買超					賣超			
券商名稱	買進	賣出	買賣總額	差額	券商名稱	買進	賣出	買賣總額	差額
多方老大	6,796	817	7,613	5,979	空方老大	8	1,256	1,264	-1,248
多方老二	3,418	38	3,456	3,380	空方老二	207	660	867	-453
多方老三	2,357	579	2,936	1,778	空方老三	20	446	466	-426
多方老四	1,412	205	1,617	1,207	空方老四	31	456	487	-425
多方老五	710	41	751	669	空方老五	43	377	420	-334
多方老六	725	61	786	664	空方老六	20	338	358	-318
多方老七	695	50	745	645	空方老七	197	503	700	-306
多方老八	569	32	601	537	空方老八	68	326	394	-258
多方老九	826	319	1,145	507	空方老九	5	254	259	-249
多方老十	695	217	912	478	空方老十	22	243	265	-221

（圖片來源：XQ全球贏家）

圖1-5　2013年9月11日富鼎的信用交易情況。

圖1-6　2013年10月2日富鼎的信用交易已有變化。

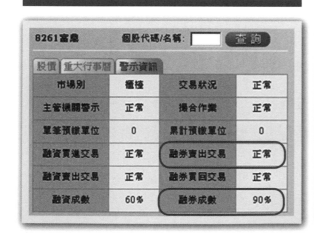

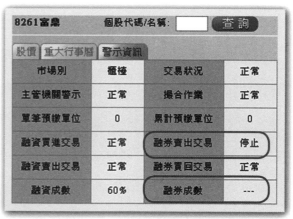

（圖片來源：XQ全球贏家）

從以上的分析可以分析出該檔股票所以必須「壓制」股價的緣由：

站在收購者的立場，如果股價超過15.53元，就收購不到了。所以短期內必須壓制股價。

於是出現了這樣奇特的「日線圖」（見圖1-7）：

圖1-7　「富鼎」（8261）在2013年10月2日的日線圖。

　　從這張日線圖，我們也可以看出在2013年8月30日之後，已經有「內行人」已經介入。2013年9月3日，從籌碼的研究中，我還可以知道，一位主力用15元的價位買了「富鼎」股票將近1500張、一位主力用15.01元的價位買了「富鼎」股票1100張左右。難道這就是「卡位」？從時間點來看，遲至2013年9月6日，會計師才宣佈：認為13.50元至16.20元是合理價，審議委員會也認為15.53元收購條件很公平。這其中股價高低起伏的內情，饒富趣味。

　　從圖1-7，我們還可以看到，「富鼎」的SMA3是15.18，SMA5也是15.18，SMA8更是15.18，可說「三線合一」到「無法比它更工整的地步了」，未來會不會噴出呢？還是時間一到，那些卡位者就「拉高出貨」了呢？筆者不願揣測。然而，以上所說，就是這一檔股票的「故事」。

　　筆者要說明的只是：你對一檔股票的「故事」必須瞭解到如此清晰的地步，做「當沖」才有極高的勝算！當沖不是賭博，也不是賭場的「比大比小」，一翻兩瞪眼。如果你對一檔股票能有瞭解「前因後果」的能力，你勝算的機率就比別人高！

訓練盤感 2
審時度勢，別做事後諸葛

　　近年筆者對「小資金」當沖能否獲大利，曾經有過新的「問號」。但是，它的避險功能，絕對是無法抹煞的。尤其在股市出現「冰淇淋行情」時格外重要。當美味的冰淇淋就在眼前，如果不趕快趁「涼」吃掉，待會兒融化就令你懊悔不已了。

　　筆者翻看了自己在2013年6月7日的投資日誌，發現這一天我做的「勝德」當沖，可為這種現象作一個註腳。

　　請看圖1-8，回顧2013年6月7日這一天的「勝德」（3296），我們現在就明顯可以看出它走的是上坡路。也許有的人會說，既然高點在24.4元，那你又何必賣股票呢？是嗎？但是在2013年6月7日，您可能想像到這一檔股票接下來的命運是連跌三天嗎？那麼站在2013年6月7日這天的日線圖（見圖1-9）上，您覺得該不該先「短賣一下」呢？如果您那一天想做當沖，究竟是會先買還是先賣呢？

圖1-8　勝德在2013年6月7日的歷史位置。

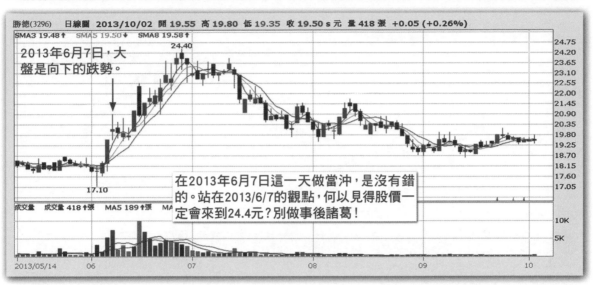

（圖片來源：XQ全球贏家）

圖1-9　把日線圖拉回「勝德」在2013年6月7日的位置觀察。

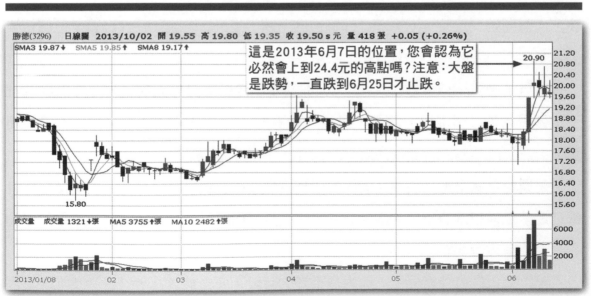

（圖片來源：XQ全球贏家）

圖1-10　從大盤的趨勢來看，2013年6月7日仍處於跌勢中。

（圖片來源：XQ全球贏家）

　　從日線圖來看，大盤的走勢和「勝德」的趨勢是相反的，2013年6月7日的大盤仍處於跌勢中，一直到2013年6月25日之後才止跌；而「勝德」在2013年6月7日之後連跌三天，才逆勢上攻到2013年6月27日的最高點24.4元。在6月27日之後，大盤開始反攻時，「勝德」卻又逆向下跌，直到2012年10月2日算是盤旋待變了。

　　所以，在2013年6月7日這一天，你很難想像股價會攻到24.4元，在這種情況下做做「當沖」是非常合理的。其後，也真的連跌三天。我們不可做個「事後諸葛」，認為既然有24.4元的高價，2013年6月27日又何必賣？

　　長期的預測是痴人說夢，短線的研判行情往往比較容易準確。筆者認為，「且戰且走」是最正確的態度。當前景不明時，最好的策略就是：做當沖、賺差價！

　　另外有幾個要點：

　　一、如果個股非常強勢，而大盤不好的時候，要先買後賣，不賣必然吃虧，因
　　　　為隨時有反轉（漲停打開）的可能。

二、做當沖時，謹記：高價不必戀棧，低價不必懷疑。

三、確認多空方向，要懂反向操作。

四、強勢股拔檔後，低價記得回補。

五、處於跌勢中，應儘量保持空手，才有大量現金可空可多。

六、高手可以放空已露疲態的強勢股（短空，立刻回補）。

七、冒險追高時萬一失敗，應認賠勿套牢，否則隔一天續跌，會損失更多。

現在，就來看看筆者在2013年6月7日如何做當沖。由於這是真實的案例，在筆者的操盤中只是一個極普通的常見案例而已，買賣張數就和普通散戶一樣，所以更值得讀者參考。筆者常常不明白，有些「天才」的財經作者用他一檔股票一買就是五、六百張的股票操作案例，來彰顯他的「厲害」，我實在不知這對讀者有什麼幫助？因為這樣的操盤簡直是「炒作」，而不是「技術」了。大資金一買，股價就上來；反手一殺，股價就下去。這就是富人容易賺錢（當然也要有點技術）的原因。筆者想教的是小資金（200萬元以下）的讀者，如何憑自己的技術取勝。現在就請看以下的說明：

【當沖分析解讀】

2013年6月7日，我一開盤就用融資買了一檔股票「勝德」（3296），買十張，價位是20.4元，然後在上午9時18分就將它以漲停板（20.9元）賣掉！也就是我抓到了一隻漲停板。獲利是3,619元（207,909元－204,290元）。

我當沖軋掉之後，「勝德」仍然鎖上漲停板千餘張，看起來我好像被洗盤「洗」掉了，可是您看看結果。收盤變成了20.1元了——比我買的價格還低。而我卻已經獲利了結、落袋為安了。

這樣，還不該高興嗎？18分鐘完成一項完美的「當沖」！

圖1-11　2013年6月7日「勝德」（3296）的「分時走勢圖」。

（圖片來源：XQ全球贏家）

圖1-12　方天龍的一部分買賣成交單，顯示當沖交易成功。

成交日期	股票名稱	交易種類	買賣別	交易類別	成交股數	成交價	價金	手續費	交易稅	應收付款	融資金額融券保證金	自備款擔保品	融資券利息	融券手續費	標借費	利息代扣稅款	二代健保補充費	損益	交割日
06/07	[3296]勝德	整股	賣	融券	10,000	20.90	209,000	297	627	207,909	188,100	207,909	0	167	0	0	0	0	06/11
06/07	[3296]勝德	整股	買	融資	10,000	20.40	204,000	290	0	-204,290	122,000	0	0	0	0	0	0	0	06/11

（圖片來源：作者提供）

贏家經驗分享 1
我那小小賺、穩穩賺的當沖經

有句話說：「有許多事情，問專家是沒有用的，要問行家才行。」

股票更是如此。筆者有許多財經專家的朋友，有些更是「專家中的專家」，不但曾經手執億萬資金、當過基金經理人，甚至是美國名校畢業的財經碩士、博士，可是仍然常常栽在股票操作上面。

當然，不是每一位專家都是失敗的操盤者，相反的，由於他們懂得投資的原理，所以有很高的比例仍是贏家。可惜的是，他們多半不願意著述立說，更不肯把秘訣隨意示人。他們說的沒錯，其實操盤的秘訣常常只是一點點「訣竅」，幾句話就講完了。所謂「江湖一點訣，說破不值錢」，如果一個能賺大錢的小秘訣，只用三、四百元的書價就賤賣出去，也太不值得了！

專家說的沒錯！筆者也有這種「想要留一手」的感覺。不過，由於筆者寫過股票操作技術的相關書籍，有一些別人沒有的經驗，那就是當有人因為看了你的書而獲得啟示，乃至賺到錢向你表示感激時，那種快感豈是沒有出書經驗的專家可以想

像的？

有一次，一個網站的討論室，筆者意外看到有人說他的操盤「受到方天龍的影響」如何如何喜歡……。聽到自己被談論，並且在操盤技術上已有若干影響力，心裡真有「吾道不孤」的快感！

好吧，作為一個已不太會輸錢的「行家」，我仍願意不惜「洩漏天機」、不計代價、傾囊相授；並希望能拋磚引玉，就教于方家。

股票操盤如果技術純熟，當然比基金投資賺錢快。但是基金經理人的投資方式，卻也有可取之處。他們是正規軍，按部就班、一步步來，不求速效，只求穩穩地賺。這一點精神，是每一位散戶投資人必須學習的。

不過，財經專家、資深投資人礙于面子，有時只會在書架上擺幾本翻譯的國外「巨著」（或原文書），卻不太願意承認國內也有別人比他強，所以筆者寫作的對象，並不是他們；而是希望幫助初學股票投資、親自操盤、不投資基金的人；其次，筆者還想幫助的就是有可塑性、用功、也想參考一下別人經驗的股市老手。

筆者不敢稱為「專家」，然而也已有二十多年的操盤經驗，算得上「行家」。尤其近年來，更是得心應手，屢有獨家心得。由於近年的景氣看衰、經濟日趨崩壞，如果我們把所有的時間都關注在股市，不但不合乎「分散風險」的鐵則，也很容易因股市起伏而影響到自己其他工作的心情，所以，我主張「用最少的時間」、「最少的金錢」投資股市，並且用「最好的智慧」、「最高明的技術」來處理股票事務。最終的目的，就是要輕輕鬆松地賺小錢。當沖，就是很好的一種操盤挑戰，也是一種可作為「遊戲」、「娛樂」的藝術。

小錢穩穩地賺，只要保持不敗的紀錄，慢慢就會積小錢為大錢。

贏家經驗分享 2
贏，我就贏在精巧布局

　　有人說，當沖是一種頻繁的操作。然而，多操作有益嗎？沒用的！短線頻頻進出，手續費和證交稅太可觀。即使每次都不賺不賠，平均每兩天進出一次，只要一年，本金就會付光了。如果選錯了股，認賠之後再換股，換股才發現又選錯了股，那更慘！何況是當日沖銷，天天進出，豈非更傷？

　　依筆者來看，這些話只說對了一半。一來他們把當沖視為賭博，原本即是不正確的觀念。其實當沖如果技術、火候、心態都夠，加上資金管理與堅守「操盤紀律」，應該是有很大的勝算。二來，他們忘了目前是採「分離課稅」的方式，除非完全沒有差價可賺，否則所謂「手續費和證交稅太可觀」的說法，是有問題的。因為「羊毛出在羊身上」，如果玩對了，差價比所謂的手續費、利息等高得多了。何況他們忽略了一項最大的收益：退佣！

　　不可諱言的，資深行家都知道，業務員基本上都會給老客戶「退佣」的。所謂「退佣」，就是業務員為了拉攏你，退給你手續費的佣金。也就是他（她）把從

你操盤頻繁進出所賺的佣金，分一些給你的意思。所以，當沖每日損益=當沖賺賠+手續費若干折的退佣。這個退佣究竟是幾折，並不一定。大致上，你當沖進出越頻繁、資金越大，可以談的折讓金比例越高。雖然你只有幾十萬台幣的資金在玩當沖，但如果進出頻繁，一個月下來，很可能都有上萬元的退佣，可謂不無小補。一般談論這個短線操盤問題的人，在權衡得失時，很少考慮到這個因素。原因就是他（她）由於害怕輸錢，所以沒有介入，因為沒有介入，就缺乏經驗，自然不知其中真相。

筆者認為，波段操作是最理想的心態。但是，「用長線來保護短線」卻是我當日沖銷的座右銘。

頻頻進出，如果選錯了股，認賠之後再換股操作，不料又買到剛開始下跌的個股。如此一輸再輸，很可能會令投資人鬥志全毀了！到時，頻頻歎氣、跺腳、怨天尤人，又有什麼用呢？所以，想要玩「當日沖銷」的人，不可以只看當天的強勢股（先買後賣）或弱勢股（先賣後買），而應著眼整個大盤的方向和位置。

股市操盤，在管理單位逐漸強化監督功能之後，主力多半不敢「逆勢拉抬股價」，所以「順勢而為」是必然的做法。那怎麼辦？當你覺得「手氣背」的時候，就該——休息！

著名的日本股市之神市川銀藏認為，股票操作有三部曲：

第一是買進。第二是賣出。第三是休息。

一般投資人的股票操作，只有二部曲：買進、賣出。買進、賣出，獨缺休息一項。

其實，暫停操盤，出去旅遊、看看書、聽聽音樂或做做運動，都很好。

休息是促使投資人作一番冷靜、反省、放鬆的功夫，避免作過度的短線交易。所謂「每天進出，非賠即輸！」指的是勉強的操作，也可見得休息的重要。

短線操作不順，最好的對策就是暫停操盤，重新站到高處來看看大盤的位置，以及個股的位置，然後改以「波段操作」的方式操盤，並且伺機高出低進，賺取當日沖銷的差價。這才是穩健的操盤術。

以寫作來作譬喻，成功的當沖好比是「佳句」，良好的波段操作才是「謀篇」。一篇好文章，不是光靠幾個佳句就能完善的，精巧的佈局也很重要。有條理的寫作構思，就好像順勢而為的操盤，絕對能讓小小的當沖更容易成功。

在波段操作的基本功上，我認為股友最需要學習的是如何搭到主力的順風車！

從股市行家的眼光來看，專家說的公司背景、產品特色、訂單情況、盈虧真相固然重要，但是，沒有特殊背景（內線、關係人）要求得上市上櫃公司的內幕，真的難之又難。直接認識主力，有用嗎？

筆者曾經有多次結識主力的機會，可惜到最後都是被坑的多！不是先甜後苦，就是樂極生悲。從來沒有得過真正的消息。主力為了保護自己，一向是把散戶當肥羊的！廿二年的經驗告訴我，當我想要依賴主力時，都是賠的多；相反的，當我自己選股、自己操作時，一向是贏的多、輸的少。那麼何必靠他們呢？

我想，最大的經驗教訓就是，自己看盤，不必去打探消息。我們應該把自己訓練到從盤面上就能看出行情板外的那一隻魔手！

贏家經驗分享 3
秀秀我的交割單

　　許多人說，某些投顧老師動輒都在電視上指著K線說，「我們的會員在這裡買進（最低點），在這裡賣出（最高點）」！彷彿是個股神，其實都是胡吹的。他的會員最清楚。可惜無法跳出來指證老師說謊。筆者不是投顧老師，不打算招攬生意，因而沒有義務證明「我的厲害」。在此，我願意秀自己的當沖功力並拿出證據。目的不是炫耀，而是讓散戶們知道，我是跟他們站在一起的，小錢一樣可以積少成多。筆者只希望股友能因而獲得啟示或鼓舞，不再是股市的棄兒。

　　2007年9月10日筆者剛好有把當天成功的當沖截圖留下來，就以此次為例吧！

　　操盤要點：一天之內，連續擇股買進、賣出同樣張數股票。先後完成五種不同股票的成功當沖！

　　操盤特色：不是同時買進、同時賣出。而是玩了一趟；換股再來一趟，連續解決五次當沖。這種看個股、不看大盤的遊擊戰法，難度比「找低點同時買進、找高點同時賣出」的手法更高。

			1張→ 37.8元
買	杏輝	3張	
			2張→ 38元
買	華晶科	1張	61.9元
買	中化	1張	23.75元
買	厚生	3張	20.25元
買	潤泰新	2張	37.55元

賣	杏輝	3張	38.7元
賣	華晶科	1張	63.3元
賣	中化	1張	24.2元
賣	厚生	3張	21.05元
賣	潤泰新	2張	38.1元

　　從網路下單的買賣時點資料，也可以瞭解這不是同時買、同時賣的當沖，是隨機行事的遊擊戰法。難度非常高！由於只買10張股票，所以當天才賺5,395元。不過，當天大盤是跌80點的情況下作多，實屬不易。筆者這樣做的目的，是告訴散戶，雖然您只有一點點錢，一樣可以慢慢賺、慢慢賺。積小富，就能成大富！

　　以下提出四份同一天的當沖交易資料，從9：02遞出買單，開始頻頻交易，直到最後一筆是下午13：21，證據確鑿，相信已足夠相互比對、證實無誤了！

圖1-13　這是證券公司業務員傳來的交割單。

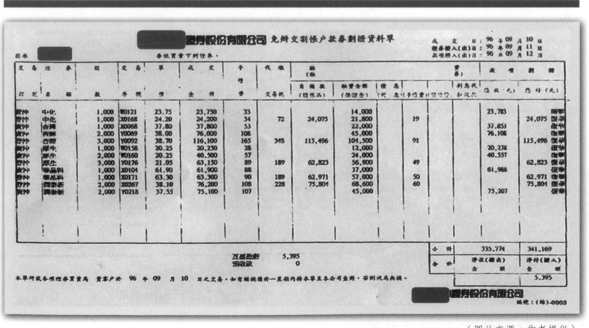

（圖片來源：作者提供）

圖1-14　這是證券公司以EMAIL方式傳來給筆者的電子交割單

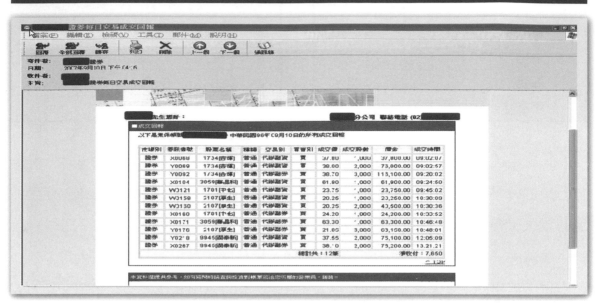

（圖片來源：作者提供）

圖1-15　這是證券公司以EMAIL方式傳來給筆者的投資明細表，絕對真實！

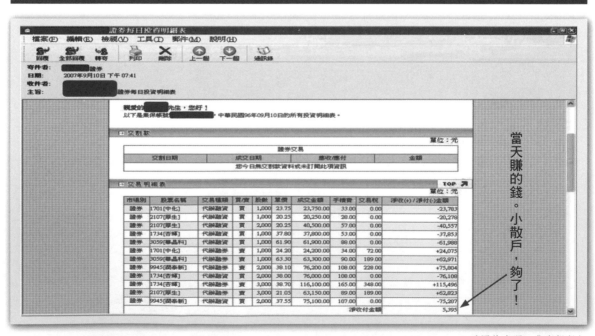

（圖片來源：作者提供）

圖1-16 這是當天網路下單的螢幕截圖，大盤走勢一度慘跌百餘點，我卻做多！

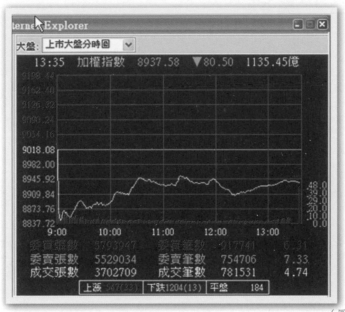

（圖片來源：XQ全球贏家）

圖1-17 這是當天網路下單成交回報，請查證時間紀錄，一點也不假！

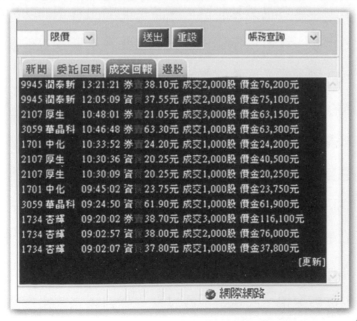

（圖片來源：作者提供）

贏家經驗分享 4
以秒計的當沖實戰

　　有一陣子，我為了展示自己的功力，特別用小額的資金試盤，我不像基金經理人那樣用大錢炒作，非常容易撼動股價，應該更能顯出真正的功力吧！同時，我想讓小散戶們看看，小錢一樣可以投資。每天不求多，三千、五千、八千不等，只要穩穩地賺，一樣可以積少成多，希望無窮！

　　筆者特別喜歡在電腦螢幕把我的網路下單成交紀錄截圖下來，留作紀念，多少也可以自我勉勵一番。後來，累積多了，自己看看，也沒什麼新鮮了，就把它們都扔了。這裡倒是還有幾張是特別有意義的，其中之一是2007年8月29日：在幾分鐘內就拉漲停板的個股。如無精準的判斷，根本來不及下手，就鎖上漲停板了。

　　更令人興奮的是，我在短短的幾秒鐘「感覺」出大成鋼（代號：2027）的強勢，立刻在9時10分買到一張大成鋼，價位是42.2元。由於當天大盤是暴跌的局面。我怕強勢股也會被拖累。於是，不假思索，買到後立刻掛賣漲停板的價格。沒想到五分鐘後「賣出」成交了！更神的是，成交之後，馬上打開漲停了。我還真是

當機立斷，不然還真不容易賣到高價呢！

　　請看這張在同一個畫面的電腦螢幕截圖：

圖1-18

　　9時10分買進，價位42.2元；9時15分賣出，價位44.25元漲停板！賣出之後，漲停板就打開了。再也沒高價可賣了！

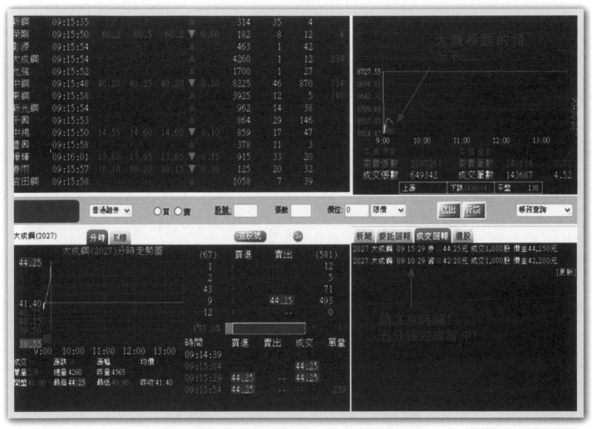

（圖片來源：作者提供）

　　下面這張電腦螢幕截圖，是2007年8月10日的行情表。一樣是暴跌的日子，我一樣擇股作多，小買一張「興富發」（代號：2542）。它的走勢有如「匐伏前進」，並沒有很深的高低起伏。我買的不是最低價，賣的也不是最高價，卻仍是一次成功的、賺錢的當沖。所以說，當沖不難吧？

圖1-19

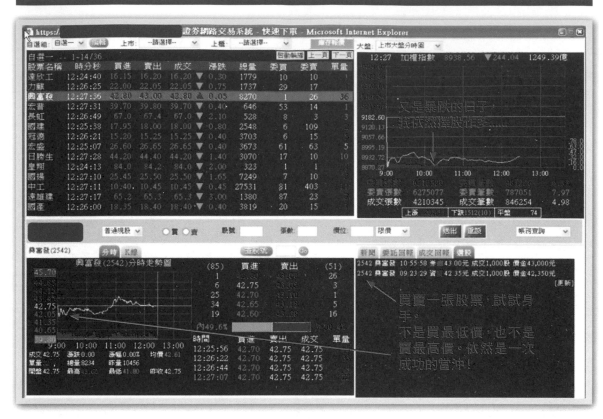

（圖片來源：作者提供）

圖1-20

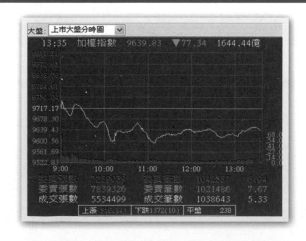

（圖片來源：作者提供）

再舉一個例子。圖1-20這張一路向下的行情表，你覺得我是作多（先買後賣），還是作空（先賣後買）？圖1-20是當天的大盤走勢。

這是當天我選定的當沖個股（友達）走勢。明顯是走下坡路！

圖1-21

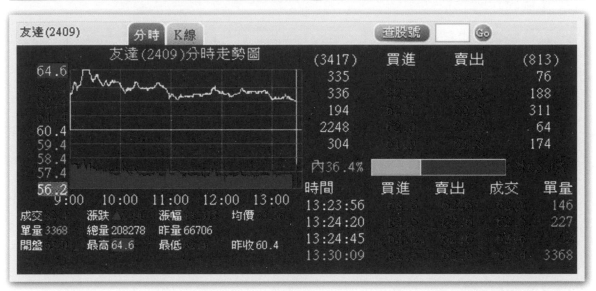

（圖片來源：作者提供）

那麼我是如何作多呢？沒錯，開盤才三分鐘（九時三分），我就出手買了！然後在九時十六分，就賣到漲停了。賣掉以後，立刻打開了，此後就一直走下坡，直到收盤都沒有回頭！真是夠短暫的決策時間了！

圖1-22

（圖片來源：作者提供）

【當沖標的／買賣實況／買賣價格／大盤走勢】

友達（代號：2409）。先買（融資）5張友達，再賣（融券）5張友達。軋掉之後，獲利5,865元。買進價格63元，賣出價格64.6元（漲停板）。本日指數為9639點，大跌77點。

【個股評述】

友達整體上也是與大盤一樣，屬於「開高走低」的格局。在這種情況下，要做當沖，理當是先賣後買，勝算較大。然而，筆者卻以「作多」來達成任務，並且以最精彩的「向上攻堅」的一段時點完成買賣，這需要有先見之明。

【操盤秘訣】

開盤63元，我只考慮三分鐘，即以63元融資買到5張友達。

買到以後，立刻掛64.4元的高價，融券賣出5張友達，企圖軋掉（資券沖抵）。不料，友達出乎意料地強勁，立刻取消賣單，等它沖上漲停板的剎那，立刻以平盤價掛出，結果賣到漲停板價64.6元。

【贏家思維】

筆者在13分鐘完成一筆成功的當沖之後，仍繼續觀察它的走勢。

不久，即發現友達雖然是當天最強的個股之一，但它的量有「失控」的現象，在其後的走勢中，可能逆勢向上也可能反轉向下。我決定不打沒把握的仗，於是放棄挑戰第二次當沖。

【收盤檢討】

一次完美的當沖示範！收盤62.4元。若買在63元，到收盤時就被套住了。

能賣掉漲停板的，表示操盤果斷，才能制敵機先；如果在它漲停打開後才覺悟該賣了，便慢了半拍；如果在它急跌時才緊張賣掉、從賺錢玩到輸錢的人，便有必要加強學習操練！

友達收盤的量能果然失控了。208,278張的總量，比前一天66,706張的收盤量，多了3.12倍。它的漲勢顯然需要休息了。

CHAPTER 2

要注意／
當沖遊戲新規則

講真的，
當沖真是項遊戲。
每個遊戲都有規則，
當沖也不例外。
進入這個遊戲前，
請先搞懂規則。

當沖規則 1
極端點說，當沖是無本生意

　　成功與失敗往往只在一線之間，全看你是否有膽識。有膽識的人，才能大膽創新，勇於冒險，抓住機會，很快地成功。清代的紅頂商人胡雪巖，在商場上就是個不怕風險的典範，他一有機會就敢冒險，所以比別人闖得快。

　　胡雪巖人生的最關鍵一步──是資助王有齡，因為他有著敢於賭一把的高風險意識，也敢拿前程做賭注，才走出了一步精彩的命運之棋。

　　王有齡升官以後，胡雪巖馬上用公款開辦了阜康錢莊。由於有官府的全力支援和參與，加上胡雪巖經營有方，手段靈活，信譽極好，短短幾年，阜康錢莊就發展成當時全國最大的金融機構。在鼎盛時期，阜康錢莊在江南各省都設有分號，還兼營十多家典當鋪。胡雪巖就迅速地從「無」到「有」了，並為今後成為晚清時期全國的首富奠定了堅實的基礎。

　　胡雪巖成功的關鍵，就是他利用「借雞生蛋」的融資模式，大舉信用擴張，然後賺到比別人更多的利潤。這是一種槓桿原理。槓桿原理運用得好，可以獲得比別

人更多的差價。當然，如果做得不好，也會傾家蕩產，嘗到更大的苦果。

在股票操作中，有一項「借雞生蛋」的信用交易模式，就是「當沖」。當沖，就是一種「借雞生蛋」的高明賺錢術。

所謂「當沖」，就是「當日沖銷」(Day Trading)的簡稱。

在股市中，一筆「當日沖銷」交易，指的是在同一天之內，針對同一件投資標的，透過一買一賣的方式，達成沖抵、結清、註銷交易的行為。投資人所以能夠賺錢，憑藉的是他在同一天對同一股票以融資融券的方式買進及賣出（包括先買後賣或先賣後買），以券資相抵的方式來賺取差價。

為什麼說「針對同一件投資標的」，而不直接說是「針對同一檔股票」呢？因為廣義的「當日沖銷」並不光指股票。「當日沖銷」至少包括五種「投資標的」：

（一）、**指數選擇權**（Index Option）。

（二）、**股票選擇權**（Share Option）。

（三）、**商品期貨**（Commodity Future）。

（四）、**外幣現鈔**。

（五）、**上市公司股票**。

不過，本書所說的「當日沖銷」，專談第五種的「上市公司股票」的當沖交易。因為這是大多數股票族較感興趣的一項交易方式，也是懶得研究其他投資工具者的最佳利器。

根據統計，在股市多空不明的時候，當日沖銷的成交易總佔股市總成交量的一成五左右；而當股市熱絡、成交量大增時，當日沖銷的成交量卻往往佔了股市總成交量的三成左右，可見受歡迎的程度。

儘管「當沖」的股票賺錢術已如此熱門了，但仍有為數更多的「現金交易族」不懂什麼叫做「信用交易」、什麼叫做「融資融券」，更別說如何「運用當沖的模式賺更多的錢」了。在這裡，筆者不得不對初學者先作一些介紹。以下是幾個必須認識的「專有名詞」：

當日沖銷的「三頭」：

一、多頭：

市場上有一種人，看好股市或某家公司的行情，預期股票將會上漲，所以先買進股票，等到股票上漲之後再賣出。有這種想法的人，叫做「多頭」。他們在股票操作的時候，做法上就是先買後賣。換句話說，就是先低價買進，然後高價賣出，這樣就賺到錢了。這樣的做法，叫做「作多」。

至於當日沖銷的做法，就是當天先行融資買進一定數量的股票，在收盤前再以融券賣出同樣數量的股票，這樣就把股票軋掉了。

二、空頭：

市場上還有一種人，對未來抱著悲觀的態度，看壞股市或某家公司的行情，預期股價會下跌，所以在股價尚佳時借股票來賣，低價位時再把股票買回來還掉，一出一進，也能賺取差價。有這種想法的人就是「空頭」；有這種做法的人，就叫做「作空」（或稱：放空）。他們在當日沖銷的做法，就是當天先行用融券賣出一定數量的股票，在收盤前再以融資買回同樣數量的股票，這樣也可以把股票軋掉了。

三、斷頭：

不論多頭或空頭，不論作多還是作空，如果這兩種操盤方法順利時，一樣都可以賺取差價。不過，當日沖銷的意思是當天軋掉。當天軋掉的好處，就是經過結算，投資人如果是賺錢，可以免付任何股款，就能贏得價差；萬一結算是賠錢的，也只要有足夠的差價能付出即可。如果不軋掉，當然也可以把融資買進的股票或融券賣出的股票留下來，等到行情變成對自己有利再處理，但是卻必須有錢來付全部的帳（以目前來看，融資買進，大約要付四～五成的股款；融券賣出，大約要付九成的股款）！如果你不軋掉股票，卻用錢把股票「吃」下來，沒想到股市行情變動幅度過大，因而造成你的保證金不足，又未能於限期內再補足保證金，此時證券公司為確保債權，一定會主動將你的擔保品出售或回補，以保障他們不致受累。這時你就會「斷頭」了！有些大進大出的投資人，如果融資買進後，恰好遇上股市跌跌

不休的「崩盤」，你又不肯認賠，也繳不出保證金；或你放空的個股不幸被持續軋空上漲時，那可就要傾家蕩產了！斷頭的概念，很明顯地可知是投資人看錯行情方向，卻又遲遲不肯認賠融資殺出或融券買回的結果。但「當日沖銷」卻不必擔心，因為一天之內決勝負只賺或賠差價，沒有斷頭的可能！

買超、賣超：

當投資人未能在同一天內買賣同樣數量的股票，就會造成買超或賣超的情況。

買超→買進的數量或金額超過賣出的數量或金額，代表看好該股的人較多。

賣超→賣出的數量或金額超過買進的數量或金額，代表看壞該股的人較多。

資券交易：

股票信用交易主要是「融資」或「融券」。這是對想買進股票而資金不足或想賣出股票而欠缺股票者，由證券公司提供資金或股票予以融通的一種交易方式。

一、融資：

融，就是融通，也就是借的意思；資，就是資金，融資就是借錢的意思。投資人預期股價會上漲，卻沒有足夠的資金，於是自備部分資金向證券公司借一定額度的資金先行買進股票。待賣出股票後，再將賣出所得的錢加上利息本金後償算。

二、融券：

券，就是股票，也就是借股票的意思。投資人預期股價會下跌，因此向證券公司借股票，先行在市場上賣出，賣出之價款則作為擔保品，等到股價下跌才買回股票還給融資機構以賺取價差。

三、融資餘額：

當日收盤為止，融資累計的金額，叫做「融資餘額」。

四、融券餘額：

當日收盤為止，融券累計的張數，叫做「融券餘額」。

當日沖銷時應先查查個股的資券訊息：

一、停資：

當股票在以下幾種情形發生時，證交所及櫃台買賣中心得公告暫停該股票之融資交易，稱為停資。

1.股票變為全額交割股。

2.下市。

3.有鉅額違約交割情事。

4.股價波動過度激烈。

5.股權過度集中。

6.成交量過度異常。

二、停券：

當股票在以下幾種情形發生時，證交所及櫃台買賣中心得公告暫停該股票之融資交易，稱為停資。

1.股票變為全額交割股。

2.下市。

3.有鉅額違約交割情事。

4.股價波動過度激烈。

5.股權過度集中。

6.成交量過度異常。

三、融資追繳：

授信機構為保障自身利益，在授信期間內融資買進股票需在一定的擔保維持率之下，如果不足規定之最低標準，融資戶必須在三日補足差額，稱為融資追繳。

四、融券回補：

授信機構為保障自身利益，在授信期間內融資買進股票需在一定的擔保維持率之下，如果不足規定之最低標準，融資戶必須在三日補足差額，稱為融資回補。

五、融券標借:

所謂的「融券標借」是融資融券交易的融券餘額超過融資餘額時,證券公司於次一營業日或再次一營業日在台灣證券交易所集中交易市場以公開方式向該種股票所有人標借、洽借或標購等方式取得該項差額股票,以依交割或還券之用。「融券標借」由交易所會同辦理,標借股票之借券費用,最高以不超過該股票標借日之前一營業日收盤價格5%為限。

股票交易的模式是這樣的:

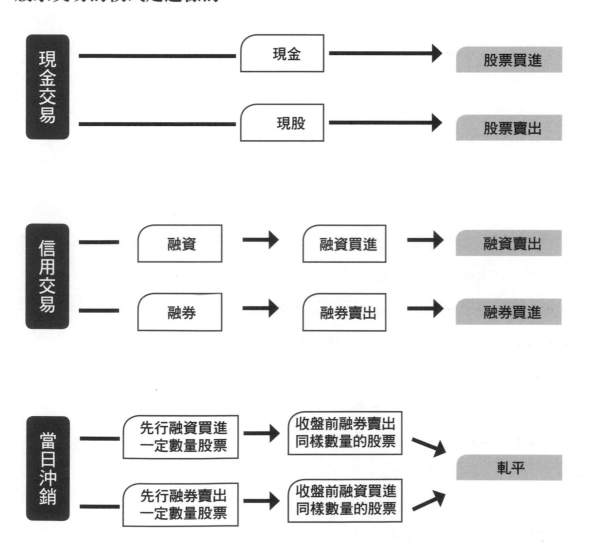

現金買賣股票和融資、融券買賣股票的比較

	項目	現金買賣股票	融資、融券買賣股票
1.	投資風險	低	高
2.	投資成本	多	少
3.	其他費用	不必支付融資利息	需支付利息或借券費
4.	投資報酬	低	高
5.	投資期間	可長期投資	只能短、中期投資

帽客：

當日沖銷的學名叫做「資券相抵交割交易」。可見當沖必須運用融資、融券這些投資工具，才能進行沖銷交易。有人把經常從事當沖交易的人，稱為「當沖客」（Day Trader）或「帽客」。在股價還處於較低的價格時，先行以融資買進，等股價有一定的漲幅後立刻以融券賣出，在一買一賣之間賺取差價，叫做「搶帽子」。這就是所謂的「當日沖銷」，簡稱「當沖」，或稱為「當軋」（當天軋平的意思）。

1998年9月3日，台灣官方規定在平盤以下的價位不得融券放空。由於此一打壓空頭氣焰的措施，倒也限制了當沖操作的空間。因為先買後賣的結果，一旦股價跌落平盤之下，當沖者便軋不掉了。**然而，2013年9月，金管會曾銘宗主委陸陸續續祭出了「三支箭」。經筆者整理如下：**

一、開放集中交易市場指數成分股150檔，另加富櫃50的「現股當日先買後賣沖銷交易」；二、開放可以在平盤以下融券(借券)放空的股票，增至約1200檔股票、台灣存託憑證 (TDR)及ETF；三、開放自營商可以用漲、跌停板買賣。

2013年9月的最新措施，無疑對當沖的「帽客」，提供了不少的方便。

拔檔：

投資人在同一天內先以融券賣出，等股價下跌時以較低的股價融資買回，叫做「拔檔」。也有人把這種操盤術，稱為「拔檔子操作法」。也算是一種「當沖」。

當沖規則 2
正確知道當沖優點

從歷史的經驗來看，「當日沖銷」對投資人至少有以下幾種好處：

(1)可以作空：作空是股市老手的特殊賺錢方式，有時股市隱藏著殺機，很多人明明知道「今天盤勢非下不可」。可是，他若沒有融資融券的資格，就沒辦法先「融券賣出」，待尾盤時再以「融資買進」補回。當日沖銷作空的人當天軋掉，永遠不必擔心明天突然反彈怎麼辦的問題。

(2)落袋為安：理財要精打細算，首先就要確保獲利，才不會失去先機。早年台灣股市崩盤時，財政部長郭婉容安慰投資人說「股票不賣，就不會賠。」其實，當你的股票還沒結清時，固然還很難說是是賠錢；但手上若有獲利的股票，如果不賣掉，卻也還不能說是「賺錢」。手上有股票，它的淨值永遠是未知數。而當沖交易卻是透過資券沖抵、結清、註銷交易，讓差價的獲利實現的方法。

(3)減少損失：既是當日沖銷，就不會把任何投資本錢留到明天，所以可以避開投資環境、新聞報導、市場消息的影響，而免除股票淨值鉅額的損失。例如台灣在

1988年9月24日宣布恢復課徵證所稅，造成無量崩盤，手上有股票的人根本來不及逃。即以近年的美伊無預警開戰、911意外的恐怖攻擊事件，乃至2004年3月22日總統大選後的第一個交易日，也因政情動盪疑慮，出現歷史第六大跌幅6.8%！如果前一天你的持股就已「當日沖銷」掉了，便無此顧慮。

　　(4)**無本生意**：除了必要的手續費之外，當日沖銷因為在投資人在當天就已把同一數量的股票軋掉，達成沖抵、結清、註銷交易的行為。所以幾乎自始至終都不必先繳付任何本錢，就可以完成交易，堪稱是借雞生蛋式的「無本生意投資術」。

　　(5)**交易方便**：當沖交易的手續非常簡單，你可以在自己家裡進行交易，一步都不必出門，採用電子下單的方式，把當沖搞定；即使用電話下單，也只要運用股票交易的同一位營業員就能處理。事前不需交錢，事後也不必多勞費神。

　　(6)**快速積財**：一年有五十二周，每周有五個交易日。換句話說，一年約有兩百六十天可以玩當沖。一個當沖高手每天平均賺個七千七百元，一年就有兩百萬元，五年就是千萬富翁。筆者聽一位億萬富豪說，有了一千萬，要以錢滾錢，衝到一億元，是很快的。此話不知是否實在，不過，相信只要不貪（貪容易失敗），持續不懈地努力，應當不難完成千萬富翁的理想。

　　(7)**克制貪念**：常玩當沖的人，會慢慢學會克制「貪」與「怕」的兩大人性弱點。為了多賺幾毛錢而在高檔遲遲不肯軋掉，最後只能賣到低價；為了少賠幾毛錢而在股票突然轉弱時遲遲不肯軋掉，最後只能賣到最低價………諸如此類的經驗，慢慢就會教會投資人了解「樂極生悲」、「否極泰來」的哲理。

　　(8)**鍛鍊功力**：股市操盤，過去有專家以「隨便買、隨時買、不要賣」的理論，希望投資人「手中有股票，心中無股價」，然而隨著國內環境的改變，如今有很多贏家已經證明專家的說法也有商榷的餘地。因為不少人正是由於毫不關心手中的股票，只盼時間的累積，達到聚財效果，結果越等股價越低，尤以部分電子股情況最嚴重，有些股價已腰斬再腰斬，豈能毫不驚心？當日沖銷，則是一種高出低進的手法，累積了經驗，也就累積了如何聚財、保值的功力。

當沖規則 3
正確知道當沖缺點

(1)**新手野心太大**：1985年，台灣股市因爆發了十信金融風暴，政府一度取消了當日沖銷的交易制度，不料，反而讓私下進行的「空中交易」非法組織坐大，擾亂了股市的正常交易。到了1994年1月，政府有感於市場成交量萎縮，不利經濟發展，才又恢復了當日沖銷的制度。可見官方認為當沖交易是一體兩面的，有利有弊。

當沖最怕碰到新手，新手偶而賺到錢時，會慢慢變得野心太大。當沖交易如果僅是高手參與，問題還小，偏偏太多不自量力的新手食髓知味，動輒以非財力所及的數量去玩當沖，企圖一步登天，結果人算不如天算，一旦當沖不成，反被當沖軋，常常造成「違約交割」的慘狀。在台灣數次的崩盤過程中，不知有多少人被「斷頭」，可不慎乎！

(2)**容易加倍賠錢**：「自律」是贏家的護身符，資金控管是贏家最重要的守則。但是，玩當日沖銷的人經常缺乏「自律」，也就是缺乏「風險意識」。由於使用融資融券是一種「財務槓桿」原理的發揮，它賺錢時固然加倍獲利，但賠錢的時候，

也是加倍虧損。

舉例來說，某檔股票平盤是129元，甲和乙同時用26萬元的資金買進，價位都是130元。假設甲用的是融資，乙用的是現金。結果當天臨收盤時跌停板了。甲被嚇得以市價（跌停板）賣掉了，結果如何呢？

甲買一張股票只要四折的資金（約5.2萬元），所以大約可以買5張左右。當天跌停板是120元。差價便是10元，先不管手續費多少，10元×1000股×5張＝5萬元。大約一天就要賠上5萬元了。

而乙呢，他只能買2張，不管手續費多少，10元×1000股×2張＝2萬元。當天淨值約略賠上2萬元。當然，現金買賣，當天股票是不能賣的。但無論如何，甲的損失絕對遠在乙所能想像的範圍之外！

當沖是製造成交量的大功臣。許多新興的綜合券商或專業經紀商大股東或營業員，為了製造業績，經常針對較熱門股票大量進出，作當日沖銷或是隔日買賣，這也激起了一些投資朋友的學習、模仿之心。

不過，當沖能不能玩呢？據筆者看過的股票書來說，幾乎十本有十本是投反對票的。大部分作者都提出各種數據證明當沖是「輸多贏少」的。當沖，真的那麼恐怖？成功率那麼低？那麼容易令人傾家蕩產？

那也未必。筆者的一位擔任高級營業員的朋友，就曾告訴筆者，他的一位老客戶即以一百萬元的資金，玩到兩千萬元。那人行事非常低調，否則早就上了財經版人物了。「江山代有才人出，長江後浪推前浪」，這話一點不錯。筆者的朋友中擔任投顧老師的很多。其中一位就曾告訴筆者，在某一個號子中，有一位年輕小伙仔就是天天在玩當沖，而且他親眼目睹其功力是一流的，快、狠、準，找到強勢股，低檔就買，高檔就出，動作乾淨俐落。

是的，照筆者看，這個世界真是人外有人、天外有天的。不必老是活在失敗者的陰影下，多交成功的朋友，多檢討自己的技巧；選擇適合自己個性的老師，不要隨便踏上當沖的死穴。那麼有什麼可怕的呢？

交易前必知 1
幾點特殊的當沖生態

　　一位企業家說過：「不讓人賺錢的生意人，不是好生意人。」凡是成功的企業家，都是信奉這條格言的。有些股票高手相當小看「當日沖銷」的威力，認為每天沖來沖去，太小兒科了。甚至說，簡直就是追求蠅頭小利的「打工」行為！他們認為搞當沖的人，事實上只不過是不斷幫營業員製造業績而已。

　　這一點，筆者並不十分同意。因為極短線的操作，對操盤的敏感度訓練、股性的了解，其實是很有幫助的；何況，如果每一次都成功，便可積小錢為大錢，也不必擔心隔一天突然發生驚天動地的大利空，而連跌七、八個停板！

　　此外，幫營業員製造業績有什麼不好呢？「不讓人賺錢的生意人，不是好生意人。」你賺大錢，他(她)賺小錢，這就是一種「分享」。

　　在商業社會，做生意總要有夥伴、有幫手、有朋友。你照顧了別人的利益，實際上也就是照顧了自己的利益。做股票也是一樣，你要發大財，一定要讓你的同行、你的營業員發小財。這樣才會得道多助。

如何改價－－別怕麻煩

當沖要取得先機，在股市開盤之前，就應掛價呢？還是等開盤之後，視情況再行掛價？

這當然必須依個案來作決定，不可一概而論。

不過，如果所選擇的個股非常看好或特別看壞，都有必要預先掛排。

非常看好的個股，可能：

__(1)跳空漲停。__——如果一價到底，就沒得玩了。所以，如果預估它會如此強勢，最好掛在漲停板價下面幾檔，例如漲停價是20元，可掛19.8元；漲停價是40元，則掛39.6元。然後等開盤後再取消（沒買到）或立刻掛漲停賣出（已買到）。

__(2)開在漲幅3%以上，__此股容易發展成漲停板。所以，先在第一筆買到幾張（開盤前即以市價掛進，必可買到第一筆的價位），可免失之交臂。一旦下滑幾毛錢，便可再以市價搶掛較大量的買進張數。賣價當然就在漲停板邊緣了。這樣的當沖，可遇不可求。搞得好，短短幾分鐘內，你已成功完成一項成功的當沖交易了！

此外，當你特別看壞某一檔個股時，它可能會開出跌停板。但因各項技術指標已顯示它會戲劇化演出（如已跌夠了、股價的技術線型已修正滿足了，預估會被投機的買盤由跌停推升到漲停），那麼也該在盤前市價掛進小量，以掌握第一筆的成交；然後再看「五筆買賣單掛進的數量」，伺機而動。從事當沖交易，在盤前掛進，應有「試盤」的觀念，不宜大剌剌地大量敲進。就像在試「水溫」一樣，才不會因動作魯莽而遭燙傷。

按照目前的股市遊戲規則，早上八時半敲進的，是由電腦隨機撮合的，所以多分幾筆（如要買十張，不如細分成十筆），成交機會較大；而九時開盤之後，則依掛排順序排列優先次序。每一天的股市，盤前、開盤後，甚至中局變化，都可能有很多出乎你意料之外的情況，所以我們的思考、對個股買賣的設價，也必須隨著盤面的變化而變化。不必拘泥於某一種方法。為讓設價更精準，就必須時時檢視先前的價位是否得當。必要時，應迅速請營業員加以更改，千萬別怕給營業員添麻煩。

趨勢不可擋，不要鐵齒

「自律」是贏家的護身符，資金控管是贏家最重要的守則。

知錯即改，切忌小錯釀大錯；保存實力，才有翻身的機會。

控制虧損，才能讓利潤越滾越大。

「小不忍，則亂大謀。」這句話在當日沖銷上不一定可靠。

投資人常有這種經驗吧？手上握有多種股票，有的賺錢，有的虧本，不知如何處理。通常一般人總是比較樂於將獲利的股票賣掉（即使只是賺幾毛錢），而捨不得把賠錢的股票處理掉。

問題是：轉弱的股票，你今天不認賠，明天可能賠得更多！

由著名的王爾德所創立的「亞當理論」，就特別強調操作股票應以趨勢為主。假如看錯行情，絕不丟臉，應立刻停損為佳。因為股價的上揚或下跌，是有一定趨勢的。如果不重視它的嚴重性，就會像病情惡化一樣，病灶入侵，將是更棘手的。今天賠三毛錢，只想「忍」，不願「認」，到明天可能就要損失一、兩元了。萬一不幸次日變成跌停板，在淨值就虧損兩、三元了。繼續下跌幾天，勢將套得更深、更難應付了。

既然這樣，為什麼不小賠出場呢？

如果投資人在感情上做不到，不妨把已獲利的股票一起賣，那麼就覺得比較賣得下手了。一賠一賺，在感覺上似乎比較能接受吧？

不過，對於懂得「趨勢不可擋」的人來說，這樣做仍然是不智的。因為把明天還可能更賺的股票賣掉，也同樣不對。

折衷之道，就是分批賣出，不必全買或全賣。

交易前必知 2
大盤最大

我們常說「大盤最大」，意即大盤的起伏就是一種趨勢。從事證券投資的人，不可與趨勢背道而馳，重勢不重值，順勢而為，才會事半功倍。

當股市加權指數或成交值頻創新高時，群賢畢至，少長咸集，人氣鼎沸，往往行情已步入高檔的階段，由於接踵而至的股友太過於樂觀，通常會進入末升段走勢。相反的，當媒體一直在報導股市大跌或頻創新低量時，往往也正是另一波段開始的訊號。

但是，由於台灣股市的規模越來越大，一些老式的行情研判指標已經失靈，新的指標也建立起來了。如果投資人仍然用傳統看指數變化來做股票的老方法，便很容易陷入研判行情的死胡同。

事實上，很多股票和指數的漲跌根本沒有很大的關係，在指數還沒有出現重大轉折之前，焦點其實應該放在個股上，在操盤時才不會有所偏頗。

大盤需要尊重，個股需要關心，兩者相輔相成，其間的變化都要同時留心，然

後操盤才有精準度。

以當沖來說，在前一天就看好或看壞的個股，於早盤之前即掛單買進或賣出，是非常冒險的舉動，因為無異於賭博。通常高手靠的是技巧，而不是運氣的。高手怎麼選擇適合作多或作空的個股？有一個重要的方法，就是利用個股與大盤的比較結果，來作決策的參考。

我們不妨先選擇一檔有「量」的個股，然後觀察它當天的走勢圖。

假設當天大盤是大跌的走勢，那麼就把大盤的前幾個低點劃出來觀察，將可以發現這幾個低點是一底比一底低。而如果你所選擇的個股，卻是一底比一底高，就顯示出這檔股票當天走勢與大盤相比會是迥異的結局，由於它的強度遠高於大盤，倒很適合作為多頭的當沖標的物。也許大盤實在太壞了，賣單蜂湧而至，到了尾盤，這檔個股可能也會跟著從高處摔下來，但盤中必然有高點可以讓你將股票沖掉。

如果大盤到臨收前突然戲劇性地反轉向上時，這檔個股必然還能收得更高，甚至出現漲停板的榮景。

像這樣以個股與大盤作比較，然後決定進出的方法，正是短線研判股價走勢的重要指標，勝算極大。

CHAPTER 3

細細學／
融資融券一次教會

當沖，
就是一天內「融資」與「融券」同時操作。
追本溯源，
一次細細的把它搞清楚。

融資融券怎麼玩 1
就算沒財力也有５０萬額度

融資，就是借錢來買股票；融券，又稱為「借券」，就是借股票。

股票的信用交易，簡單的說，就是對於想買進股票而資金不足，或想賣出股票而欠缺股票的投資人，由證券公司提供資金或股票予以融通的一種交易方式。

現在，我們就進入實質的當沖教程吧！首先，你必須是「股票信用交易戶」。惟有「股票信用交易戶」，才能利用融資、融券這些投資工具，進行當日沖銷交易。

不同的市場有不同的信用交易型式。一般金融消費有信用卡、個人信用貸款等，而股票的信用交易就是指融資與融券。

至於投資人欲從事融資融券交易，應如何辦理？

首先，要先和證券商簽訂融資融券契約並開立信用帳戶後，才能向證券商辦理融資融券的股票買賣。

一般來說，股票市場有兩種交易方式：

股票市場的兩種交易方式

1.	一般交易	用現金買股票	用現股賣股票
2.	信用交易	用融資（借錢）來買股票	用融券（借股票）來賣股票

這裡的融資、融券對象，都是證券金融公司（簡稱證金公司）。投資人必須先向券商申請「股票信用交易帳戶」。至於「信用交易」的開戶條件，規定如下：

(1)年滿20歲，中華民國國民。(2)曾經買賣股票滿三個月。(3)最近一年內買賣股票成交達十筆以上。或者雖然沒滿一年，但累積成交金額達所申請融資額度的50%。(4)最近一年內所得及各種財產合計，達所申請融資額度的30%。(5)如果只是申請融資額度50萬元以下，可以不必附所得或財產證明。

至於所謂的財產證明，是以本人或其配偶、父母、子女所有者為限。如果不是本人所有，其財產所有人必須作連帶的保證人，同時附上不動產所有權狀影本或繳稅稅單、最近一個月銀行存款的證明、持有股票的證明。

辦理「信用交易」的授信機構，還可以經由以下的管道得到門路：

(1)證券金融公司授信：經由證券商為介紹人，代理申辦信用交易申請手續，證券商擔任代理融資融券的角色。證券金融公司目前共有四家，分別是復華、環華、富邦及安泰。(2)證券商直接授信：由綜合證券公司及兼營證券商（銀行的證券信託部門）直接接受投資人申請並貸放，一般稱為自辦融資融券。

以上的授信機構，投資人只要向你的營業員詢問，都可以申請取得代理證金公司或證券商直接授信的信用帳戶，然後開始運用融資融券的辦法，進行當日沖銷。

什麼樣的人不能開立信用交易帳戶？

(1)利用他人名義開立信用帳戶。(2)與代理證券商訂定的委託買賣有價證券受託契約已經終止。(3)已註銷信用帳戶，並終止融資融券契約，仍在規定的三個月內不得再申請開戶的期間。(4)曾經違反與證券金融公司或證券商所訂融資融券契約，尚未滿一年或尚未結案。(5)經依公司法、破產法為重整、和解、破產之聲請者。(6)經票據交換所拒絕往來者。

融資融券怎麼玩 2
融資融券的官方規則

　　投資人在同一家可以辦理融資融券業務的證券商，可以申請開立多少信用帳戶呢？每人只以開立一戶為限。但是，倒是可以從甲證券經紀商移轉到乙證券經紀商。

　　投資人開立信用帳戶後，經多久未從事信用交易，其帳戶即被註銷？

　　一般來說，連續三年以上無融資融券交易紀錄者，證券商就可以註銷投資人開立的信用帳戶，並且發出通知。而投資人如果自己打算終止信用帳戶的話，就需要填寫「終止信用帳戶申請書」，經證券商查明其融資融券債務均已結清時，就可以辦理銷戶。

　　這一點，經常當日沖銷的投資人是不必擔心的。

　　如果，投資人做的不是當日軋平的動作，只是純粹融資買進股票，或放空（融券）股票，可以擺多久呢？

　　根據規定，融資融券的期限都是六個月，但目前主管機關規定得視投資人信用

狀況或個別證券的風險程度，准予申請展延六個月，並以一次為限，因此大部份投資人都自動視期限為一年。

經常當日沖銷的投資人，也不必理會這樣的規定，因為他的股票是不可能擺這麼久的。

至於每一位擁有信用交易帳戶的投資人，可以進行多少融資融券的額度作交易呢？從前的規定是分為五百萬、一千萬等多種等級；目前則已改變辦法，視個人的財力而有不同的層級及融資融券額度。

融資比率及融券保證金成數：

上市：融資比率60%，融券保證金成數90%。上櫃：融資比率50%，融券保證金成數100%。因各別證券風險程度不同，授信機構會視風險程度的大小而調整融資比率，在投資人在下單買進前，應先確定可融資的比率，以免在成交後，所需自備款超過自有資金。

當日沖銷應注意的問題

1.	欲進行當沖交易者，應開立信用交易戶，並簽訂資券相抵交割的概括授權同意書。
2.	當某一檔個股面臨除權、除息或股東會，需辦理停止過戶時，由於有限券及融券回補的規定，所以那段期間就不可以當沖。
3.	如果某一檔個股已步入數量的配額限制時，也不容易取得券單資券相抵作業，所以想要當沖交易，應先看看證金單位所編製的「融資融券配額表」。
4.	當日沖銷單一個股的上限為750萬元，整戶上限則照投資人申請的級數而定。
5.	任何股票上市滿半年、每股淨值在票面之上，且經主管機關公告得為融資融券交易，才能當沖。
6.	上櫃股票禁止當日沖銷。
7.	零股交易、鉅額交易及以議價、拍賣、標購方式交易的股票，也不能當日沖銷。
8.	如果某一檔個股價格波動太大、股權過度集中及成交量過度異常，會被暫停融資、融券，自然就無法當日沖銷。

追蹤投資人動向的
融資融券餘額表

　　既然融資是指投資人看好股價後勢，因而向證券金融公司借錢買股票，以便賺取股價上漲的價差；融券則是指投資人看壞股價後勢，因而向證券金融公司借股票賣出，以便賺取股價下跌的價差。所以，使用信用交易的投資人看懂融資，融券餘額表之後，就可以掌握股市中看好後勢及看壞後勢的人氣消長趨勢。

融資、融券餘額表的三大功能：

功能一：了解個股的熱門情況

　　融資、融券餘額表，記載了各個股票的融資、融券使用情形，包括增減張數及餘額張數等，從表中的融資、融券餘額數位，可以看出你手上的個股在股市中是否受到投資人的重視。例如：下表中，東鋼（代號：2006）的融資餘額及融券餘額張數都以萬張計算，代表看好及看壞東鋼個股的投資人都頗多，此個股是信用交易中的熱門股。

圖3-1　東鋼融資餘額及融券餘額都以萬張計算，代表看好及看壞的人都很多。

日期	融資					融券					資券相抵數（張）	備註
	資買	資賣	資現償	資餘	資增	券賣	券買	券現償	券餘	券增		
2009/10/09	1987	2011	41	20234	-65	881	149	0	11839	732	809	
2009/10/08	2380	3415	7	20299	-1042	2192	559	110	11107	1523	1462	
2009/10/07	3255	2601	9	21341	645	1782	73	29	9584	1680	3059	
2009/10/06	1079	418	28	20696	633	109	30	160	7904	-81	132	
2009/10/05	701	609	4	20063	88	50	330	304	7985	-584	91	

（圖片來源：XQ全球贏家）

功能二：了解投資人的買賣動向

想知道別人對這支個股未來的走勢是看壞還是看好時，融資、融券餘額表內顯示了融資及融券張數增減的情形，同時反映了投資人對此個股股價未來走勢的看法，所以投資人可以從中推算出股價後續可能的走勢。

例如，某一檔個股的融資餘額張數增加、融券餘額張數減少，就表示近期看好這一檔股票股價上漲的投資人增加、看壞股價下跌的投資人減少。

功能三：顯示融資、融券的使用訊息

個股可以採用融資、融券的額度、成數等限制，並不是一成不變的。

融資、融券的額度、成數可能隨著此個股股價的過度波動、成交量過度異常或公司獲利產生變化，因而被臺灣證券交易所處以停止融資、融券或降低融資成數。投資人想得知個股有關融資、融券交易限制的資訊時，都可以在融資、融券餘額表中得到答案。

下圖是電子股燦坤（代號：2430）的融資、融券表。

2009年10月9日的燦坤停止了融券。

圖3-2　電子股燦坤的融資、融券表。2009年10月9日燦坤停止了融券。

日期	融資					融券					資券相抵數(張)	備註
	資買	資賣	資現償	資餘	資增	券賣	券買	券現償	券餘	券增		
2009/10/09	774	978	2	25048	-206	1	35	15	732	-49	70	(X)
2009/10/08	1859	1729	12	25254	118	24	179	1	781	-156	249	↑停止融券
2009/10/07	2332	2011	16	25136	305	36	63	27	937	-54	1387	
2009/10/06	2566	2794	22	24831	-250	2	64	0	991	-62	0	
2009/10/05	1277	2200	1	25081	-924	3	62	9	1053	-68	1	

（圖片來源：XQ全球贏家）

融資本日餘額

　　「融資本日餘額」記載著這一支個股以融資買進的張數中，多少張還沒有償還給證券金融公司。由於利用融資買進股票的投資人，多數是心存短線操作的想法，只要股價上漲，這些融資餘額隨時會從股市中賣出獲利了結，所以這筆融資餘額象微了「未來隨時可能從股市中湧現的賣壓」。此外，依照股價處於上升或下降的走勢，融資餘額的多寡就有不同的解讀。

圖3-3　盤後可查詢各股票本日融資與融券的餘額。

股票名稱(代號)	融資						融券						資券相抵數(張)	備註
	資買(張)	資賣(張)	本日餘額(張)	償還現金(張)	增減(張)	使用率	券買(張)	券賣(張)	本日餘額(張)	償還現券(張)	增減(張)	資券比		
味王(1203)	224	136	5069	1	87	9.69%	0	0	32	0	0	0.63%	31	
南僑(1702)	3060	2828	15572	0	232	21.18%	384	137	1635	1	-248	10.50%	417	
大統益(1232)	6	21	736	0	-15	1.84%	0	1	4	0	1	0.54%	1	

（圖片來源：XQ全球贏家）

股價升降與融資餘額高／低的時候

1、股價處於上升的走勢中，融資餘額高的時候

此個股的融資餘額越高，股價上漲的壓力越大，這是因為股價一旦再度上漲，馬上會面臨這些大量融資戶獲利了結的賣壓，所以股價轉不易大漲。

2、股價處於下降的走勢中，融資餘額高的時候

個股的融資餘額越高，股價反彈的力道越弱，這是因為股價一旦出現跌深反彈的情形，馬上會面臨這些大量融資戶的殺盤，所以股價將呈現反彈無力的局面。

3、股價處於上升的走勢中，融資餘額低的時候

股價處於上升走勢中，遇到個股融資餘額越低，股價上漲的壓力越小，這是因為股價一旦再度上漲，面臨這些融資戶獲利了結的賣壓較小，故股價較容易上漲。

4、股價處於下跌的走勢中，融資餘額低的時候

個股的融資餘額越低，股價反彈向上的賣壓越小，這是因為股價一旦跌深而反彈上漲時，融資戶的融資賣壓較小，故股價較容易止跌。

從融資餘額表中，可以顯示投資人的融資買賣情形。如果不看懂融資餘額表所顯示的買賣意義，投資人很可能會誤判情勢，錯賣手中股價有上漲潛力，或錯買了股價可能繼續下跌的股票。

融資使用率的對策

融資張數的增加或減少是和前一個交易相比：從個股融資增加、減少的張數可以解讀使用信用交易的投資人，此刻對個股未來走勢抱持哪一種態度？

例如某檔個股的融資張數大增，顯示大多數的信用交易投資人看好其未來走勢，所以融資買進的張數才會大增。

從另一個角度來看，個股的融資張數增加，象徵融資餘額也跟著增加，然而，融資餘額越高的話，股價上漲的壓力反而越大，所以對中期的股價走勢來說，近期融資張數增加，反而不利於中期股價的走勢。這是必須注意的。

所謂「融資使用率」，是指個股在可融資買進的額度中，目前已使用的比率有多少百分比，從個股的融資使用率情況，可以看出個股是不是已經被投資人大量買進。

一般來說，股友們必須避免買進融資使用率太高的個股，理由有二：

1、融資使用率高，暗藏主力蹤跡

以前融資使用率越高的個股，是表示散戶買的。但如今，主力也常會利用融資買賣來掩人耳目。還有些主力及金主會勾結公司大股東，以大量融資買進的方式，鎖住股市流通的籌碼、炒作股價，並藉此引誘散戶買進。等到散戶買進後，這些主力、金主便大賣，投資人最後還是慘遭套牢。

2、融資使用率高，股價不易飆高

融資使用率越高的個股，由於已有太多人持有，所以想要跟進的人已不太多，代表股價難以往上突破。所以，融資使用率越高的個股，股價不易飆高。

融資使用率的對策

範圍	象徵意義	因應之道
使用率≧70%	融資使用率太高，是主力大量融資買進、炒作股價的先兆。	這樣的個股要放棄，不宜買進
40%≦使用率<70%	融資使用率偏高，已經有太多人持有這支股票，後續願意再跟著買進的股友已經不多。	暫時退場觀望
20%≦使用率<40%	融資使用率正常水準，融資買進此個股的投資人不多也不少。大多數的個股都屬於這個層級。	大可放心買進
使用率<20%	融資使用率偏低，融資買進此個股的投資人不多。	股性過於冷門，做當沖的應該避免買進這一類的個股

追蹤主力的
股票資券變化

現在,筆者將進一步分析融資融券對於股市所產生的影響。

利用融資融券的投資方式,風險相對增加,因為如果行情並未像你所預期的上漲或下跌,而你又必須在限期內將錢或者是股票還給券商,你就反而必須高買低賣而遭受更大的損失。

因此奉勸各位想要當沖的新手在還沒熟悉股市的變化、尚未練好當沖的功夫之前,還是少做、多看。不要輕易嘗試,以免遭到斷頭。

信用交易可使資金放大,風險與獲利也相對放大。即使你沒有以融資融券的方式買賣股票,但也別忘了觀察融資融券餘額的變化。它對進行當沖交易的人來說,是相當重要的。

如果融資餘額增加,代表更多的投資人看好股市的表現,所以借資金來買股票。這對多頭來說,是有利的。

但是,如果融資餘額偏高,就代表已有許多人手上握有股票,想買的人已經減

少，想賣的人可能性增加了，因此上檔賣壓就會變得沉重，一旦大盤遇上重大利空，隨時有人會大量殺出持股，而這些以融資方式買股票的人一定也會怕股價下跌而趕快脫手，因此可能造成股價狂跌。這對多頭來說，是很危險的，因為有造成「多殺多」的疑慮。

另一方面，融券餘額的增加，代表許多投資人認為股價會下跌，所以借股票來賣。這對多頭來說，是不利的。

股市有句名言：「利多出盡是利空，利空出盡是利多。」如果融券餘額偏高，則代表會有更多的人早晚需要將股票買回來還給券商，所以到時也可能造成股價上漲。這對多頭來說，反而是好事——因為隱藏著「軋空」的契機！

一般說來，由於融資者都是散戶，所以從各股融資餘額的增減與股價漲跌之間的變化，常能研判大戶動態與未來股價的走勢。

所以，融資融券餘額變化，大抵可分為以下四種情形：

(1)融資餘額增加而股價上漲：代表大戶與散戶都看好後市。

(2)融資餘剛減少而股價下跌：代表大戶與散戶都看壞後市。

(3)融資餘額增加而股價下跌：代表散戶看好後市，而大戶看壞後市。這也表示，大戶有可能趁機出脫持股。

(4)融資餘額減少而股價上漲：代表散戶看壞後市，而大戶卻看好後市。散戶看跌賣出，所以融資餘額減少；而大戶看漲，積極買進，所以造成股價上漲的現象。

此外，在股價下跌時，若融券餘額急速減少，則顯示大盤可能在短期內止跌回穩。

不過，儘管如此，市場大戶常用「人頭戶」來從事融資與融券的交易，藉以混淆散戶利用融資融券餘額表來研判大戶的動態，所以光看融資融券餘額表，還是不能解讀一切情況。

最好是參酌各種數據，再來綜合加以研判。

當沖過程 1
買賣過程與成本計算

一般投資人於融資融券交易成交後，應於何時完成交割呢？

正常的情況是：投資人應於成交日後第一營業日上午十二時前，向融券的證券商繳交融資自備款或融券保證金後，由券商代辦交割。惟融資買進證券及融券賣出價款餘額應全部做為擔保。

另一方面，波段持有或作中長期投資的人，最怕的是套牢。

尤其融資、融券買賣，是向證金公司或自辦融資的綜合券商借錢（或借股票）的一種行為，以一年到期為準。在這種借貸關係下，你的信用交易帳戶，有「整戶維持率」必須在一四○%以上的規定，必須嚴守。

如果不足，券商為了確保自己權利不致受損，就會向你追繳一些錢，來補足到一六○%以上。如果你置之不理，直到你的「整戶維持率」低於一二○%時，他們就會把你的股票以市價殺出，萬一還不夠賠（包含利息），他們還會向你要到足夠為止。

所以，當股市行情暴跌時，投資人最感到恐慌的便是維持率的問題了。

但是，當日沖銷就沒這麼麻煩了。

融資買進和融券賣出的價款會直接軋掉，只算出差價，由投資人負責吸收。是賺錢，你就拿走差價；是賠錢，你就要付出差價。

要是你已辦理過「免交割」手續，甚至可以「大門不出、二門不邁」地坐在家中看盤、結帳。只要營業員把交割單的結果傳真到家即可。

一次當沖所需成本的計算

雖然說一次當日沖銷的買賣過程，是這麼簡單。不過，作為一個當沖交易的「專業人士」，你還是最好把所有的帳目、成本都搞清楚比較好。

首先，你應該知道的是，買賣股票的手續費，均為千分之一點四二五（0.001425），賣出股票還要被抽取千分之三（0.003）的證券交易稅。

其次，融資可以借六成，所以融資金額是股票總價乘以0.6；融資保證金（即融資自備款）乘以0.4（上櫃股票乘以0.5）。

融資如果擺很多天，自然有融資的利息開支，但對於當日沖銷的人來說，這一點就可免了。至於融券賣出時，成交價款乘以0.9（現行規定是九成）後之金額，即融券保證金。

融券如果擺很多天，自然有融券的利息開支，但對於當日沖銷的人來說，這一點雖然也可以免除，不過，卻多了一項融券手續費（即借券費），有時還有「標借費」的開支。目前借券費必須乘以0.0008（萬分之八）。

接著，我們要算出融資買進股票（資沖）的成本，然後再算出融券賣出股票（券沖）的金額。再由後者減去前者，即可算出獲利或必須認賠的差價。

舉例來說，假如在同一天內，當統一（代號：1216）股價是50元時，我們以融資買進方式，先買5張統一股票；然後，當它股價變成53元時以融券賣出的方式，賣出5張統一股票。可以賺到多少錢呢？算法如下：

(1)、當你融資買進5張「統一」時：

成交金額是：50元×5000股＝250,000元。

買進手續費付出：50元×5000股×0.001425＝356.25元（小數點不計）。

「資沖」時證券公司應向你收取的款項是：250,000元＋356元＝250,356元。

(2)、當你融券賣出5張「統一」時：

成交金額是：53元×5000股＝265,000元。

賣出股票的手續費是：265,000元×0.001425＝377.625元（小數點不計）。

代繳交易稅必需付出：265,000元×0.003＝795元。

融券手續費必需付出：265,000元×0.0008＝212元。

所以，「券沖」時，你可向證券公司獲得的款項是：265,000元－377元－795元－212元＝263,616元。

(3)、總結來說，當你完成5張的「統一」當沖交易時，可以獲利：

應得帳款－應收帳款＝263,616元－250,356元＝13,260元。

以上算法是精算法。但對玩當沖的人來說，決策都要在短時間完成，應有一套簡易的獲利計算方法。通常當你買50元一張的「統一」，而打算做中長期或波段投資的基本持股時，它的本錢算法是：

50元×1.006＝50.3元

當日沖銷交易的本錢計算方法，卻高一點：

50元×1.007＝50.35元。

這是因為「當日沖銷」多了一些借券的手續費用。如果做波段投資、不急著賣出，本錢自然比較輕了。

換句話說，當你買統一的本錢是50.3元或50.35元時，就一定要賣到50.5元以上，才能穩賺。至於這項當沖交易獲得勝利之後，怎麼計算賺了多少錢呢？

每一股的差價（賣價－本錢）×5,000股＝（53－50.35）元×5,000＝13,250元。

簡易算法的結果（13,250元）與精算結果（13,260元）相去不遠。

當沖過程 2
低買高賣是最大原則

你會自己計算今天的漲停板、跌停板價位嗎？當沖客所關注的焦點問題，就是數字的變化。怎麼利用當沖交易賺錢呢？無非先融資買低、再融券賣高；或者先融券賣高、再融資買低。所以，低買高賣是當沖交易的最高指導原則。

目前證期會規定的股市漲跌停幅度均為百分之七。當沖的投資人應該要學會自己計算今天的漲停板、跌停板價位是多少。如果會算，一來表示你夠「專業」；二來你也好在開盤前即做好規畫，而不必等行情板揭示。三來熟悉各種層級的升降單位，也較容易在計算獲利出場點的掌握與安排。近年來，有關單位在「股票漲跌幅度的升降單位」的規畫上，已經分得更細了。以下是最新的資料：

漲跌幅度的升降單位

第一級	第二級	第三級	第四級	第五級	第六級
0.01～10元	10～50元	50～100元	100～500元	500～1000元	1000元以上
0.01元	0.05元	0.10元	0.5元	1.0元	5元

今天的漲停板價位＝昨天的收盤價×1.07

今天的跌停板價位＝昨天的收盤價×0.93

舉例來說，航運股中的「益航」（代號：2601），在2009年10月1日的收盤價是
41.3元。那麼它的次一個交易日（2009年10月2日）的漲、跌停板價位就是：

漲停板價位＝41.3元×1.07＝44.15元（算到小數點第二位）

跌停板價位＝41.3元×0.93＝38.45元（算到小數點第二位）

由於41.3元是屬於上表的「第三級」，升降單位是0.05元，因此它的漲停板價
位是44.15元、跌停板價位是38.45元。

圖3-4　益盤（2601）當天的分時走勢圖。

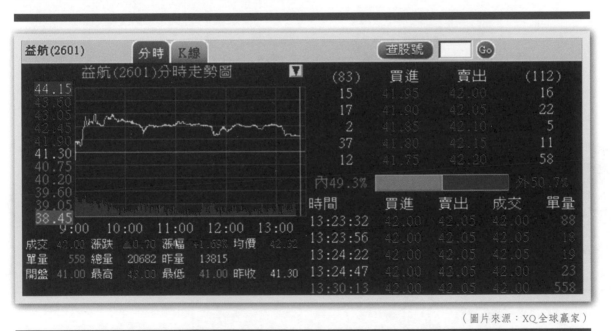

（圖片來源：XQ全球贏家）

當然，另外也有某一檔股票是無「昨日收盤價」的（即昨日無成交紀錄），那
麼就以前日的收盤價來算。不過，這種無成交紀錄是由於太冷門了所致，所以當沖
的人是不可能選擇這種股票的。

短線必讀

股票獲利智典

股票獲利智典① 技術面篇　　定價：199元
作者：方天龍

股票獲利智典② 股價圖篇　　定價：199元
作者：新米太郎

股票獲利智典③ 1日內交易篇　　定價：199元
作者：新米太郎

股票獲利智典④ 5分鐘K線篇　　定價：199元
作者：新米太郎

股票獲利智典⑤ 期貨當沖篇　　定價：199元
作者：新米太郎

股票獲利智典⑥ 超短線篇　　定價：249元
作者：新米太郎

CHAPTER **4**

捉重點／
一出手，就要贏

亂做，
一定輸。
什麼事都一樣！
當沖能作多也能作空，
所以，市場不是問題，
重點在於對的時間，
做對的事。

對的時間做對的事 1
精作，只在關鍵時刻作

　　要成為當沖贏家，判斷能力是第一要件。

　　例如當大盤指數上揚的時候，代表股市裡的投資氣氛傾向於樂觀，容易帶動其他個股漲勢，此時投資人在操作當日沖銷時，應該「先買後賣」；當大盤指數下跌時，代表股市裡的投資氣氛傾向於悲觀，容易影響其他個股跟著下跌，所以這時投資人在操作當日沖銷時，應該「先賣再買」。這就是一種判斷。如果判斷錯誤，自然就會造成多空不明，影響戰果。此外，當個股的融資餘額增加時，表示有越來越多的投資人看好此個股股價的後勢表現，這個時候，玩當沖的人就要「先買後賣」；當個股的融資餘額減少時，表示有越來越多的投資人看壞此個股股價的後勢表現，所以融資再買進此個股的人漸漸減少，也代表散戶在股市裡的投資氣氛傾向於悲觀，這時投資人在操作當日沖銷時，應該「先賣再買」。

　　當個股的融券餘額增加時，表示有越來越多的投資人看壞此個股股價的後勢表現，所以多以融券賣出此個股，賺取股價未來下跌的價差，也代表散戶不看好這

支個股股價的表現，這時投資人在操作當日沖銷時，應該「先賣再買」。當個股的融券餘額減少時，表示有越來越多的投資人認為此個股股價的後勢表現，將越來越好，所以多把先前融券賣出 的股票回補，才造成個股的融券餘額減少，這個時候，玩當沖的人就要「先買後賣」。

其實，台灣股市在每年十二個月走勢的震盪起伏中，只有兩到三個月是決戰時刻。其他時間都是空頭與多頭在纏鬥。就像武俠小說中的大戰三百回合，決勝負的，不過是關鍵的那幾刀，其餘的出招，都是在試探對方的破綻。從股市過去多年的走勢來看，上下半年通常會各有一到兩個月是很重要的，你如果沒有在那時做出正確的買賣決定，其餘時間不是在追高殺低做白工，要不就是在套牢中煎熬。

當沖一天之內決勝負，時效很重要。最好在旺季大進大出；淡季保守應對。勝算看時機，機會不一定要多。若玩十次輸七次，還不如只能玩五次，但每次都贏。

這樣的故事，說明的是，選擇股票好做的時候做，勝算比較大。就像釣魚一樣，池裡魚多，自然好釣；魚少的池子，任憑你怎麼努力，常是事倍功半。

當沖，更是如此。要求每天都有機會當沖，最後可能欲速則不達。

當沖高手最好是選擇股市熱絡、成交量大的旺季進行，平時則多看少做為宜。天天都非做不可，便無法修養生息、保持清醒的頭腦多觀察股市了。

根據過去的經驗，台灣一年的股市旺季總是在十一月、十二月到次年一月、二月、三月。這五個月堪稱「紅包行情」。因為行情常隨勢而趨堅。

作多、作空要選對時辰，有心當沖交易的人不可輕忽這個理念。在行情大好的季節不妨多做，而且要「做多」；行情不好的時日，就不該勉強，而要保守些。

至於每年的淡月，通常在四月、六月、八月、十月。所謂「五窮六絕」，五、六月的行情有時相當沉悶。當股票成交量萎縮時，常是「要買買不到，要賣賣不掉」，這對當沖的投資人相當不利。

當沖高手永遠要記得：不打沒有把握的仗！淡季小玩、旺季大玩、盤局乾脆束手，這樣才能保持戰果，成為真正的贏家。

對的時間做對的事 2
壓力越小，勝算越大

　　散戶玩股票多半賠錢，主要是由於投資策略不對。尤其當持股比例太高、現金掌握太少時，是很冒險的，應變機會相對縮小。一旦行情意外地重挫，就沒有財力攤平或加碼。資金全部套牢，勢必無技可施。

　　股市有所謂的「八二法則」，也就是說，股市每十個投資人中，玩到最後真正賺錢的只有兩個人，其餘八人均告賠錢。

　　為什麼大部分人都賠錢呢？主要還是由於操盤者的投資策略不對，其中「個人籌碼」的掌握不當，算是主因之一。

　　個人籌碼的掌握不當，其實也是出於心態的不正確。人性貪婪、好賭的一面，很容易在股市實戰的階段暴露無遺。

　　君不見，大部分股友在投資股票初期，都是很小心的。起先都以自有資金的極小比例投入，或賺或賠，各顯神通。一旦賺了錢，嚐到了甜頭，多半希望用更大的本錢去「倍增」獲利的金額。於是，不知不覺的就會玩上癮，而且投入的資金越來

越大。

原本在大盤的初升段，股友還不敢投入太多資金，但到了主升段，便開始「食髓知味」了，甚至擴大信用，一再地提高資金比例。到了末升段、行情最熱時，往往持股滿檔，無法自拔。萬一突發利空，行情提前結束，幾次的小賺，根本抵不上一次的大賠！

信不信？很多人所以作長期投資，事實上是由於來不及停損或躲避，而被長期套牢的。

有人請教經濟學者西卡達，什麼才是股票實戰中最重要的守則？

他回答說：「第一是認賠，第二是認賠，第三還是認賠！」

西卡達的意思，主要在強調資金保本的重要性。每當他投入股市在建立一個新的投資組合時，他都要先設定停損點。他甚至為了保障資金，要求自己每一筆交易的金額，都不超過總淨值的五％。因此他可以把持股比例降到最低點。同時，一旦行情不好，他也不改變準備停損的價位。

所謂「留得青山在，不怕沒柴燒」，如果不慎重看待股票投資的風險問題，不作任何防護措施，一旦長期套牢或賠得差不多了，那可是要花費數倍的時間精神，才能賺回來的。

西卡達所以重視認賠，就是為了等待他日東山再起，而不肯坐困愁城。

所以，操盤時切記：持股比例要低，越低勝算越大。萬一行情意外地重挫或大漲，才有機會一再地攤平或加碼。資金全部套牢，勢必無技可施。

當沖壓力越小，勝算越大

其實，經常當沖的人就會發現，當你沖來沖去的時候，往往小玩都會贏，大玩通常是輸的多。這是為什麼呢？壓力的問題。

壓力越小，當沖勝算越大；壓力越大，當沖勝算越小。所以，在你的能力範圍之內小玩較容易贏。

壓力產生的原因，多半源於以下幾點：

(1) **負債陰影**：當沖是透過融資、融券去完成交易的，所以這並不在「借錢玩股票」的涵義內。但是，如果身上毫無基本的籌碼（錢）如何放手一搏呢？負了債，就別操作這種高風險高報酬的遊戲，否則心中壓力太大，是會蒙蔽心靈，無法坦然面對行情、從容研判的。

(2) **期望太高**：一般人買賣股票，總是希望買到最低價、賣到最高價；當沖高手可不能有如此的想法。期望賺到最大的差價，就是一種不切實際的想法，徒然給自己太大的壓力。為了差價要求太高，常常因小失大，最後反而不易成功。患得患失，更容易導致當沖的失敗。

(3) **野心太大**：有一百萬資金的人，絕不能做一百萬額度的當沖；有五十萬資金的人，絕不能做五十萬額度的當沖。保留現金的重要性，在經驗豐富的當沖好手眼中，是極重要的事。「賭性堅強」的人，絕不是當沖好手。即使是當沖高手，也不會是長期的當沖贏家。

(4) **貪心不足**：對於行情的研判，有時高手也會有盲點的，尤其「好的時候，往往看得更好；差的時候，往往看得更壞」，常是致命傷。當沖的人在股價的轉折點是最重要的關鍵，但高手常自視能力強，希望取得更大的利潤而坐失買進或賣出的時機。如果懂得在次高檔（第二高點）買賣的哲學，就不會給自己太大的壓力。

(5) **逆勢操盤**：儘管從事當沖交易的時候，有時必須逆向思考，特別觀察逆勢突出的個股表現，甚至鎖定這一類股來玩當沖，但是這並不是說，我們要與大盤的走勢相抗衡。我們還是必須順勢操盤的。硬要與大盤作對，當個股表現不如「想像」時，壓力就來了。

(6) **心存僥倖**：所謂當沖，是當日沖銷。並非每天都非做不可的動作。所以，沒有把握就別輕易出手。因為勉強應戰、心存僥倖，一旦輸錢事小，把自己的信心都弄糟了，可是得不償失。

聽贏家的話
巴菲特如是說！

專家的話可以聽，但不必信；贏家的話，倒應該洗耳恭聽。

投資大師華倫・巴菲特（Warren Buffett）是個大贏家，他的財富都是從股市贏來的。有哪些觀念，是他當年所受到的致富啟示？

「原則一，絕不能賠錢。原則二，絕不能忘記第一個原則。」

巴菲特這麼幽默的說法，無非只是強調「一定要贏」的觀念。那麼，怎麼做才會贏呢？他提到三個要點：

⑴把每一檔投資的股票，都當做是一樁樁的生意來經營。

⑵把股市震盪波動當成是你朋友，而非你的敵人。

⑶一定要有安全的「投資成數」。

巴菲特說，這是他得自班・葛拉翰對他的啟發。他覺得這三個觀念即使經過一百年的時間，仍然是股市投資的最重要法則。

筆者認為，巴菲特這樣的觀念，不只經過一百年仍然適用；即使經過半個地球

之遠，在台灣投資股票，也一樣適用。尤其「一定要有安全的投資成數」這段話，筆者最有同感。

不論是一般的股票買賣，或是當日沖銷交易，「用多少錢去投資」絕對關係著你的一生成敗！

當你在投資股票時，有沒有注意到自己的資金運用比例是否恰當？當你玩當日沖銷時，有沒有考慮自己能玩多大？

當沖要贏，最大的關鍵不是買了什麼股票，而是能否啟動自己的資金安全機制，嚴控資金比例。因為當沖不是靠一、兩次交易決勝負的。

資金控管，這就涉及到「持股比例」的問題了。什麼時候該投入多少資金成數，並不一定。例如大多頭時代，股價又在底部區時，怎麼買，怎麼賺，那當然要把資金的比例、成數加重投入股市，才能賺得快。但是位居空頭時期，您又習慣「作多」的話，自然要將資金儘可能地抽離股市、減碼、降低持股比例了。

基本上，如果你是新手，對當沖獲利又有很高的獲利，也應該從一張、兩張開始。不可以跟著高手下注幾十張、幾百張。你要告訴自己，你要賺的還不是錢，而是經驗。

至於當沖高手，藝高人膽大，通常很容易大量投入，企求一日翻身、一步登天。他們常這樣想著：「反正買賣多少股票，只要軋掉就好了，又不必真的付出那麼多錢！」然而，這就是一種迷思、一個自我設下的陷阱了。**許多股市高手一生中都有多次大起大落，偶然暴得大富，又不知見好就收，最後弄得血本無歸、傾家蕩產。追根究底，無非因為當沖交易損失驚人。有些人投資過大，一旦操作失利，甚至造成違約交割，更是難堪無比。這都是「不自量力」的結果。**

對這些輸家來說，根本沒人肯承認操盤功力是差的，因為他們多半曾經吃過甜頭，才會誤認為自己是專家，才敢大進大出，無視於風險之存在；然而，因資金控管不當造成虧損，這樣的輸家，事實上也不配稱為專家的。

專家除了懂得操盤技巧之外，還要有風險觀念。

具體地說，筆者認為以下幾點是必須注意的：

　　⑴可以投入當沖的資金，不是看你被核准的「信用交易帳戶」融資融券額度，而是看你現有資金的額度來評估。

　　⑵你在當沖所能損失的金額，應控制在你投入股市資金的十分之一。否則沖來沖去，連可以作中長線或波段投資的基本資金都會賠光了。

　　⑶當沖獲利的計算，如果是作多（先買後賣），應見好就收，宜以2～3%為標準；如果你心生作空（先賣後買）的想法，意味當天賣壓沉重，甚至還有恐慌性賣壓，所以通常尾盤容易重挫，可以3～4%為標準。

　　⑷當你一周之內連續三次當沖失利，就該歇手。這表示你的手氣不順或理念有問題，不應再戰。

有現金，再談作多
有股票，再談作空

　　當沖，是一種速戰速決的戰爭。除了平時要有充分準備之外，臨場的操作一定要靈活。

作多，手上要有現金！

　　怎麼操作才靈活呢？子彈要多！

　　所謂「子彈要多」的意思，就是「作多，手上要有現金」。現金越多越好。

　　現金越多越好，指的是手上所保留的現金，而不是指你的總財產。因為在玩股票的時候，感覺最缺的就是「子彈」。任何一位投資人都不會覺得自己的「子彈」夠多的。正因為急於賺錢，常把現金都買了股票，變成持股百分之百的情況。這是很危險的。

　　如果你有一百萬，全都買了股票，那麼你的手上現金就是零。如果你有一百萬，只買了二十萬，手上還有八十萬，那這八十萬就是你當沖的「子彈」。

作多，是採取先買後賣的當沖方式，在股價仍低的時候，選擇低點介入，然後在股價攀高時迅速賣掉。

換句話說，買股票要儘可能的以低價去買。但低價是很難掌握的，不妨分批介入。

當你在玩當沖時，先暗算一下你剩下的資金還有多少。當沖時，有錢能吃下那一檔股票時，才能作「先買後賣」的動作，萬一失敗了就不必當軋認賠；手上有某一檔股票時，才能作「先賣後買」的動作，萬一失敗了就改成融資賣，當成被洗盤洗掉了，即可減少損失了。

在當沖的買賣操作上，金字塔與倒金字塔操作法是值得推薦的。

很多古文明都有金字塔建築，但以埃及的金字塔最為著名。雖然金字塔具體形狀各異，但一般來說，如從任何一面來看，都大致呈現三角形的狀態。而所謂「金字塔與倒金字塔操作法」，就是像金字塔一樣：愈低，斷面石塊就愈多；愈高，斷面石塊就愈少。

所以，應用於股票的道理來說，就是：分批買進，並隨著股價愈高的時候，買得愈少；股價愈低的時候，買的張數愈多。

在另一方面來說，分批賣出，並隨著股價愈高的時候，賣得愈多；股價愈低的時候，賣的張數愈少。

於是，歸結來說，當沖交易作多時，手上一定要有現金才能在「看對的時候」，往下加碼以攤平成本。同時，萬一沖不掉（股價掉到盤下去了），也可以用現金將它吃下來，等改天股價再攻時，伺機賣個好價錢。

如果手上有大量的現金，在做當沖交易時，就有了靠山，可增加不少的勝算。

作空，手上要有股票！

有人說：「會買股票的只是徒弟，會賣的才是師傅。」

股票投資是一種多空雙向操作的藝術，光是會買股票，還談不上靈活；在大環

境變惡劣、股票易跌難漲時，我們還應懂得利用作空的方式來達成戰果。

但是，作空如果看不準，也很容易被軋空，所以如果作空時，手上已有基本的持股，那麼操盤就靈活些了。

一檔股票什麼時候該賣了？大致上從融資或融券餘額的變化可以看出一些端倪來。

融券餘額大減、融資餘額續增，如果越來越離譜，那就是股價步入高檔區、該賣的時候到了。股價全面暴漲噴出，而成交量或值也幾乎達到激情的狀態，而且各類股均已輪漲完畢了，股價走勢每每出現「價量背離」的訊息，這都說明了股價該「整理整理」了。既然股價走勢不再靈光，就應迅速賣出持股，抽回現金，以待他日東山再起。

「資券相抵」是必須有信用交易的個股才能操作的，所以選股作當沖前，要先問清楚該股是否有信用交易的資格？以免作了融資買進之後，才發現不能作融券賣出，到時沒有現金可以交割就麻煩大了。

在當沖時，如果覺得「作空」比「作多」勝算大，當然是採取先融券放空股票，然後伺機以融資買回股票，藉以沖抵、完成交易了。

然而，這通常是適用於開高走低的格局。如果開低走高，你無論如何也無法在走高以後才融券放空，因為尾盤恐怕來不及回補了。

行情不好時，開高的股票很容易被拖累、往下摜壓。不過，這時開得很高的股票也很可能正是超強的個股，當盤勢大壞時，它是有「連坐」的疑慮；但如果盤勢後來勉強平盤位置，說不定原先被你放空的個股最後卻變成漲停板呢！那麼一來，玩當沖的投資人就得賠錢了！

作為一個「必勝」的當沖客，心態一定要穩健。看到股票開高就賣，不是不行，而是應該審視自己手上有沒有持股。如果有，不妨一搏；否則，還是別冒險的好！

CHAPTER 5

精精選／
盤前必修的選股課

沒有盤前做足功課，
就是當沖大王也不會上場的。
指標、股性、量價，缺一不可。

盤前功課 1
電腦設備武裝起來

　　作為一位「專業的」當沖客，你需要一套屬於自己安靜的「工作場所」。除非你不想成為贏家，否則「專業化」非常重要——你必須知道，如果你學到真功夫，能賺的錢可是比你上班還多得多呢！那麼，你能不像伺候老闆那樣對待你的工作場所嗎？作為一位有心的當沖新手，你會發現，只要用點心，很快就能備妥一套當沖所需要的科技設備。

　　首先，要準備一部自己專用的個人電腦。最好不要跟你的朋友或小孩共用。速度要夠快，穩定性非常重要，最好是原裝的，而非組裝的。如果是組裝的，一定要是高手組裝，否則不如買原裝的，因為原裝的通常經過廠方測試過，穩定性較高。

　　除了穩定性要夠之外，隨機存取記憶體（RAM）要夠大，最好是2GB以上。硬碟、CD或DVD磁碟機、顯示器也要好一點。數據機（Modem）的效能是以每秒能傳輸的位元數（bps）來計算，位元數越高越好。另外，你還應有「備份裝置」。現在流行的是2.5吋或3.5吋的外接式硬碟。目前市面上已經出到2T大小的硬碟了。一

次就買大的比較好，筆者最近就升級到2T（等於2000GB）。萬一電腦中毒時，至少不會把辛苦累積的資料搞砸了！

除電腦硬體外，你還應該有一些軟體。作為一位標準的當沖客通常需要準備幾種不同功能的電腦軟體，或是功能齊全的專業套裝軟體。不管如何選擇，至少你要能從網路上定時抓取資料才行。目前各家號子都有網上的詳細資料可以查閱，再不行，也可以在各種專業的網站看看技術分析。在你電腦附近也該有個小型書架，專門擺一些隨手可以取閱的書，必要時可以相互參照，這樣你的設備就算齊全了。

為了操盤順利，筆者最近也採購了速度較快的i7高端電腦，硬碟容量為1T，記憶體也有16G，配上32吋的大屏幕，布置一個較為寬敞的個人工作室。（見圖5-1）此外，又添購了平版電腦（出門仍可行動上網下單）、彩色雷射印表機（列印持股及報表等）、專業掃描器，還有2T容量的移動硬碟。這就是另一種投資——投資自己！

圖5-1　當沖要做得好，速度較快的電腦配備不可少。

圖片來源：作者提供

盤前功課 2
鎖定關鍵股票

每天當沖的準備功夫，什麼時候開始呢？從前一天晚上就開始了。

準備功夫的第一步，當然是選股。是否從「長線保護短線」的觀點去擇股呢？
如果是這樣，個股的基本面便很重要。

評估一家公司（也就是個股）的五個基本點包括成長率、毛利率、應收帳款、
存貨及業外收支。

尤其觀察三個指標，可做為投資的三個保護，包括「營收股本比」代表成長動
力、「市值營收比」代表產業價值；四大財務報表中的「資產負債表」、「損益
表」、「股東權益表」及「現金流量表」，代表企業的經營實力，這都是投資人進
一步挑選個股時，基本面必須注意的觀察重點。

但是，對於這些比較專業的問題，一般散戶能夠了解嗎？即使了解這樣的基本
面，有助於操盤嗎？尤其有助於「當日沖銷」嗎？

依筆者看，未必見得。

根據筆者的經驗，除非地雷股才有即時的危機，否則在開盤前我們要有的充分準備，應該是個股的技術面。當然，在當沖新手來說，有空時多進修，是不會錯的。你可以到交易所的相關專業網商去搜尋這些資料。

公開資訊觀測站 http://newmops.twse.com.tw/

台灣證券交易所 http://www.twse.com.tw/ch/index.php

金管會金融智慧網 http://moneywise.fsc.gov.tw/Main/Default.aspx

甚至你也可以直接到臺灣證券交易所投資人閱覽室，去辦一張閱覽證，他們的地址是：台北市信義路五段7號3樓（101大樓）。從他們那兒，還可以延伸到其他的相關閱覽室（上市、上櫃公司的書面資料）。只有你有心，這些都很容易辦到，筆者便不在此多費筆墨了。

現在要說的是，在你當沖之前，在前一個晚上就應做好簡單的準備工作，就是先列出一份當沖個股的「候選名單」，才能在隔天從容不迫上陣。

你要先寫好一些隔一天你準備進行當沖交易的個股，等到臨場視當時的情況再做正式的確定。因為並非所有股票都可以當沖的，同時也不是每一檔股票都適合作多，有些個股反而適合作空。

不論如何，在進場之前，你就應在心裡先有個譜，才不會臨場做錯方向。還有，這些股票目前的位置如何，它的強弱指標恐怕才是我們考慮的主要因素。畢竟當沖的做法，並不要求「天長地久」的，而是「打帶跑」的。所以，它的選擇角度完全不同。

當沖是一種「極短線」的操作法，它與長線的選股可不一樣。中長線的選股策略，有時是看它跌得夠深了、股價相當委屈了；當沖卻常常是找出最當紅的炸子雞（強勢股），趁勢「大塊朵頤」（買進或賣出）一番。所以，強弱指標，才是更重要的因素。

盤前功課 3
強勢指標個股出列

　　台股投機性本來就濃加上當沖比例又高，所以內行人都注意個股的強弱指標。

適合當沖參考的指標

　　在股票K線的指標系統中，屬於領先指標的有ＲＳＩ、ＫＤ、ＡＤＬ、ＡＤＲ、ＯＢＯＳ。屬於趨勢指標的有ＭＡＣＤ、ＤＭＩ。

　　雖然指標系統並不適合於單獨使用，因為有可能會產生「見樹不見林」的結果，但是它卻是極有參考價值的。目前電腦的看盤軟體多半會直接幫你計算出它的數值，所以你很容易找到這樣的資料，大可不必自己計算。

　　領先指標中的ＲＳＩ（相對強弱指標），在選股時尤其不可忽視。既然它是相對強弱指標，在尋找短線的強勢股時，這就是最快幫你找到「候選標的」的指標。

　　ＲＳＩ是王爾德所創的理論，他發現任何商品的價格變動，都是有軌跡可尋的。如果在短期內漲幅過大或跌幅過深，以致脫離軌道時，最後還是要回到原來的

軌道上。於是，有人把ＲＳＩ運用在股票投資上，用股票當天收盤價，求出漲跌的相對變動比率，發現準確性很高，所以，ＲＳＩ就漸漸被股市投資人所接受。

一般來說，使用ＲＳＩ技術指標，多半採用五日ＲＳＩ與十日ＲＳＩ這兩種。

ＲＳＩ的數據，傳達著以下的訊息：

一、如果某一檔股票的ＲＳＩ低於廿的時候，表示該股買氣一直很冷淡，已進入超賣區，未來反彈的機會很大，投資人可逢低買進。

二、如果某一檔股票的ＲＳＩ高於八十的時候，表示該股買氣很旺，相當熱門，已進入超買區，未來回檔的機會很大，投資人應該逢高賣出。

三、如果某一檔股票的ＲＳＩ低於十的時候，表示該股超賣的情形非常嚴重，股價隨時會反彈，投資人如果勇於承接，幾乎沒有什麼風險。

四、若某檔股票的ＲＳＩ高於九十的時候，表示該股超買的情形非常嚴重，股價隨時會反轉下跌，投資人如果不趕快出脫持股，將來鐵定會慘遭套牢。

ＲＳＩ不會出現負值，只在０與一百之間起起伏伏。ＲＳＩ五０算是強弱的分界點——突破五０，則呈強勢；跌破五０，屬於弱勢。

ＲＳＩ的取樣日期越短，它所能表達的訊息就越敏感；ＲＳＩ的取樣日期越長，則它所能表達的訊息就越遲緩。所以可以利用兩個不同的ＲＳＩ值來作對照。例如以五日ＲＳＩ與二十日ＲＳＩ對比，如果五日ＲＳＩ高過二十日ＲＳＩ，則買氣還是很強；但如果過熱，就要小心股價會回檔。一旦五日ＲＳＩ低於二十日ＲＳＩ，則表示買方居於弱勢；但如持續跌到低點，那麼反彈的機會就很大了。

在多頭時期，ＲＳＩ經常在60到75之間遊走，甚至在85以上形成鈍化。該跌的不跌、該漲卻不漲。台灣股市的投機色彩濃厚，個股經常出現超漲超跌的現象。如果很輕率地判斷超買或超賣，是會吃虧的。

在當沖交易之前，最好能把你所選擇作為當沖「候選名單」中的個股，作一次檢驗，看看它的ＲＳＩ是多少。

股友必須注意的是，ＲＳＩ偏低並不見得好，因為這樣的個股大多是漲少跌多

的，甚至是經年累月無人聞問的爛股，ＲＳＩ才會偏低。等待一檔乏人問津的冷門股熱起來，是非常保守的投資策略，這不是當沖交易者應該尋找的標的。當沖交易宜採取積極作為，從ＲＳＩ偏高的個股去選擇飆馬股。

事實上，那些領先上漲或動不動就漲停板的股票，通常也多是ＲＳＩ偏高的個股！這些經常領先上漲的股票，往往也是漲多跌少的軋空股！一旦形成軋空，還有更多空頭急著要買回來呢！ＲＳＩ偏高的個股，當然是短線的熱門標的值得重視！

那些個股不要碰？

準備選擇作「當沖」對象的個股，首先量要夠大。換句話說，量小的個股不要碰。所謂量小，則必須看它平常的量大不大，才能作個比較。

一般來說，低於2000張成交量的個股，筆者是不碰的。有人認為，股本小才好，容易飆漲。其實，那是股市新手的看法。坦白告訴你，那所謂會飆漲，只是有特定人在炒作罷了。這種主力是有股友社（會員）作班底的，擔任投顧的老師用人頭炒作個股，自己在低價先買了之後，再叫繳費驚人（一個月繳30萬元）的「凱子會員」買進，然後一般「傻子會員」（每月3～5萬元不等）再進場，最後才讓傳真會員（每月1千～3千元不等）知道，同時在網路和媒體發布消息、在電視解盤帶動買氣。這樣的股票安全性堪虞，因為你不知道他什麼時候會落跑、偷溜，常常都是賣光了之後，還叫人繼續買進（因為他還有會員仍被套住，天天問他）。

筆者由於曾經與這些所謂的主力認識，也曾被坑過不少次，現在不會再當傻蛋了。這一類主力朋友都是爾虞我詐的，很少誠信；不必聽他的，因為吃虧的總是你，不是他。他們是不講道義的。玩他們的股票，完全沒有保障，從K線上也看不出所以然來（他們懂技術線型，會故意造假、「騙線」），所以不如不玩。我的結論是：

聽這些主力的明牌，都是先甜後苦、輸到脫褲為止。

靠自己的選股操盤，總是勢如破竹，永遠成為贏家。

既然如此，為何不相信自己的能力呢？相信很多股票高手也都一度有過好奇心，結果被想要一步登天的貪婪害慘了──不敢說罷了！

所以，至少是中型股，我們才做考慮。股票沒人炒作，當然不會漲，但我認為至少要有多方人馬共襄盛舉的才是好股票，這樣當大家一致認同時，才是合理的。你不一定要知道誰是這檔股票的主力，這樣才容易客觀、求得股價的公平對待。大型龍頭股即是如此，沒有良好的營運訂單、缺乏真正的利多，誰也拉它不動，這樣就比較公平了！

除了「地雷股」當然不碰之外，你最需要選擇的是你常玩的、比較適合自己的個股。它的股性，你很熟悉，這就是最好的選擇標的。

台灣股市包括了水泥、食品、塑膠、紡織、電機、化學、玻璃、造紙、鋼鐵、橡膠、汽車、電子、營建、運輸、觀光、金融、百貨等各種類股。

哪一種產業，你最懂呢？

也許你在銀行待過，對金融業熟悉；也許你在電子公司待過，對電子零件報價了解……你過去的經歷，當然是你熟悉的行業，至少你有人脈、門路，可以多一點消息管道來源。這對於股票的基本面的深入研究，自然有一定的幫助。

媒體、公司宣布的消息，都是第二手資料。直接從上市公司內部搞到情報，當然有利於選股的判斷。如果再加上一些「即時資訊」，那就如虎添翼了。

股市裡常說：「長線短線不如內線，千線萬線不如電話線。」意思就是，從公司內部員工去打聽，才具有第一手消息的價值。

每一位投資人不一定玩的是自己所在行業的股票。例如某人不見得在鋼鐵業待過，也未必有鋼鐵業的朋友，但是他常玩鋼鐵股，一下是春雨，一下是東鋼、一下是中鋼，玩來玩去都是鋼鐵股，久而久之，他就是這方面的專家了。對於這一類股的經常股價、歷史位置，自然都瞭若指掌，所以這一類股就是他所熟悉的類股。

「戰爭要用最厲害的武器」，最熟悉的個股往往是投資人玩「當沖」時最厲害的武器。

當沖選股課 1
股性一個一個弄清楚

　　不論如何，臨場的隨機應變才是最重要的。我們在前一天，既然已先有一份「當沖的個股候選名單」，並作過徹底的研究，接著，就要打游擊戰了。

　　我們可以先觀察，當天哪一類股是最強的族群？這可以看各類股的漲幅排行榜。資金（量）都流向哪裡？這可以看看「類股資金分布圖（表）」。當然，偶而你也會臨時發現幾檔不在你「候選名單」內、卻「有機可乘」的股票。

　　不過，基本上，還是不要臨時改變主意較好。心猿意馬，是操盤的大忌；玩不熟悉的個股，也很容易馬失前蹄。

　　台灣股市有一個特性，就是類股喜歡齊漲齊跌。

　　這種現象對於做當沖的人來說，反而是有利的，因為至少提供了選股觀察、比較的一個方法。所以，對於台灣股市有哪些類股？哪些類股又包括哪些個股？那些具有特色的概念股，又包括了哪些相關個股？投資人是必須研究透徹的。尤其做當沖的人，更應該搞清楚彼此之間的關係，才容易切入。

台股上市公司的分類，可以「粗分」為八大類。以2013年10月15日做範例的話，這一天的八大類「漲幅」如圖5-2所示：

❶ 紡織纖維，漲幅1.69%。 　　❷ 機電，漲幅1.35%。

❸ 水泥窯製，漲幅1.27%。 　　❹ 塑化，漲幅1.20%。

❺ 造紙，漲幅1.18%。 　　　　❻ 食品，漲幅1.14%。

❼ 建材營造，漲幅1.06%。 　　❽ 金融保險，漲幅0.46%。

圖5-2　上市公司股票可大分為8大類股。

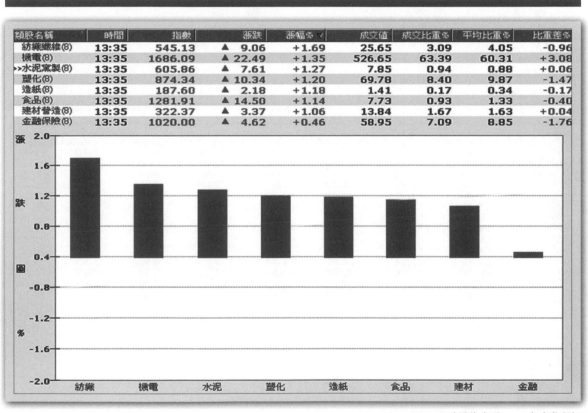

（圖片來源：XQ全球贏家）

　　上市公司如果「細分」，則可分為19個「類股」。我們仍以2013年10月15日做範例，則這一天的19個類股「漲幅排行榜」如圖5-3所示：

❶ 電機機械：漲幅2.26%。　　　　❷ 化學生技醫療：漲幅1.81%。

❸ 紡織纖維：漲幅1.69%。　　　　❹ 電器電纜：漲幅1.61%。

❺ 航運業：漲幅1.53%。　　　　　❻ 汽車：漲幅1.50%。

❼ 電子：漲幅1.32%。　　　　　　❽ 水泥：漲幅1.31%。

❾ 造紙：漲幅1.18%。　　　　　　❿ 其他：漲幅1.17%。

⓫ 食品：漲幅1.14%。　　　　　　⓬ 玻璃陶瓷：漲幅1.11%。

⓭ 建材營造：漲幅1.06%。　　　　⓮ 塑膠：漲幅1.05%。

⓯ 觀光：漲幅1.04%。　　　　　　⓰ 橡膠：漲幅1.03%。

⓱ 貿易百貨：漲幅0.99%。　　　　⓲ 鋼鐵：漲幅0.68%。

⓳ 金融保險：漲幅0.46%。

圖5-3　上市公司股票可細分為19個「類股」。

類股名稱	時間	指數	漲跌	漲幅% ▽	成交值	成交比重%	平均比重%	比重差%
電機機械	13:35	142.60	▲ 3.15	+2.26	46.92	5.65	4.70	+0.95
化學生技醫療	13:35	121.68	▲ 2.16	+1.81	29.32	3.53	4.18	-0.65
紡織纖維	13:35	545.13	▲ 9.06	+1.69	25.65	3.09	4.05	-0.96
電器電纜	13:35	39.70	▲ 0.63	+1.61	3.08	0.37	0.33	+0.04
航運業	13:35	77.43	▲ 1.17	+1.53	12.42	1.49	1.09	+0.40
汽車	13:35	321.82	▲ 4.77	+1.50	10.89	1.31	1.12	+0.19
電子	13:35	297.97	▲ 3.88	+1.32	476.65	57.37	55.28	+2.09
水泥	13:35	147.65	▲ 1.91	+1.31	6.50	0.78	0.78	+0.00
造紙	13:35	187.60	▲ 2.18	+1.18	1.41	0.17	0.34	-0.17
其他	13:35	241.90	▲ 2.79	+1.17	35.28	4.25	4.32	-0.07
食品	13:35	1281.91	▲ 14.50	+1.14	7.73	0.93	1.33	-0.40
玻璃陶瓷	13:35	72.98	▲ 0.80	+1.11	1.35	0.16	0.10	+0.06
≫建材營造	13:35	322.37	▲ 3.37	+1.06	13.84	1.67	1.63	+0.04
塑膠	13:35	237.55	▲ 2.47	+1.05	29.25	3.52	4.22	-0.70
觀光	13:35	139.64	▲ 1.44	+1.04	3.84	0.46	0.47	-0.01
橡膠	13:35	400.31	▲ 4.09	+1.03	11.21	1.35	1.47	-0.12
貿易百貨	13:35	242.53	▲ 2.38	+0.99	19.01	2.29	1.55	+0.74
鋼鐵	13:35	100.00	▲ 0.68	+0.68	7.42	0.89	0.88	+0.01
金融保險	13:35	1020.00	▲ 4.62	+0.46	58.95	7.09	8.85	-1.76

（圖片來源：XQ全球贏家）

台股的上櫃公司，大致可分為16個「類股」，我們一樣以2013年10月15日做範例，則這一天的16個類股「漲幅排行榜」如圖5-3所示：

❶ 電機機械：漲幅2.26%。　　　　　❷ 化學生技醫療：漲幅1.81%。

❸ 紡織纖維：漲幅1.69%。　　　　　❹ 電器電纜：漲幅1.61%。

❺ 航運業：漲幅1.53%。　　　　　　❻ 汽車：漲幅1.50%。

❼ 電子：漲幅1.32%。　　　　　　　❽ 水泥：漲幅1.31%。

❾ 造紙：漲幅1.18%。　　　　　　　❿ 其他：漲幅1.17%。

⓫ 食品：漲幅1.14%。　　　　　　　⓬ 玻璃陶瓷：漲幅1.11%。

⓭ 建材營造：漲幅1.06%。　　　　　⓮ 塑膠：漲幅1.05%。

⓯ 觀光：漲幅1.04%。　　　　　　　⓰ 橡膠：漲幅1.03%。

圖5-4　上櫃公司的股票可細分為16個「類股」。

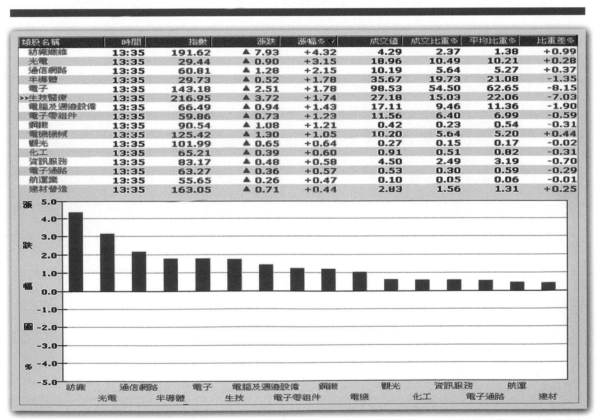

（圖片來源：XQ全球贏家）

此外，金管會為了提振台股，從2013年9月23日起開放了以下三大措施：

一、開放集中交易市場指數成分股150檔，另加富櫃50的現股可以當日先買後賣沖銷交易。

二、開放上市上櫃市場全部可信用交易的股票，都可以在平盤以下放空。

三、開放證券自營商可以用漲跌停板價格買賣股票。

在以上的第一點中，我們可以看出現股可以當日先買後賣沖銷是指「集中交易市場指數成分股150檔，另加富櫃50的現股」，而且第二點關於「平盤以下放空」，根據台灣證券交易所的公文是這樣規定的：

所有得為融資融券交易之有價證券均可平盤下融券及借券賣出。所有得為融資融券交易之有價證券，不包括尚未取得融資融券交易資格及有「有價證券得為融資融券標準」第四條及第五條規定情事而為本公司暫停融資融券交易者。

為了股市新人能夠了解這段老公務員所寫文言文的涵意，我把它翻譯一下：

就是說：凡是可以融資融券的股票，都可以在平盤下賣出。不過，這並不包括不可以「信用交易」的股票。此外，還有以下這幾種情況也不能在平盤下賣出：

股票、存託憑證有變更交易方法、停止買賣、終止上市（櫃）、每股淨值低於票面、TDR有累積虧損或上市單位數低於6000萬、鉅額違約且融資融券餘額達一定比率者或其他情事被暫停融資融券交易的股票，都不行。

受益憑證有終止上市（櫃）、發行公司未依規定申報財報、發行公司因違投信投顧法……等等被暫停信用交易的股票，也不行。

還有一種情況：前一交易日收盤價跌停本日禁止平盤下融券、借券賣出的股票，也是仍然不行。

所以，這麼一來，至少有1200檔股票是可以在平盤下以融券賣出了，這對於當日沖銷來說，今後就方便多了！

至於有關投資人整戶融資、融券限額規定並未修正，目前還是每一客戶最高融資限額為6000萬元，最高融券限額為4000萬元；惟其中非屬證券交易所公告之臺灣50指數成分公司普通股、臺灣中型100指數成分公司普通股、臺灣資訊科技指數成分公司普通股、ETF及其成分公司普通股、境外ETF，以及MSCI公告之臺灣股價指數成分公司普通股部分，最高融資限額為3000萬元，最高融券限額為2000萬元。

　　由於以上金管會的「三支箭」（三大新措施），從前「臺灣50指數成分股」、「臺灣中型100指數成分股」、「臺灣資訊科技成分股」的標準及內容包括哪些股票很重要，現在就不重要了，所以本書不再一一羅列，以節省本書寶貴的篇幅，因為過去所以重要是為了查看有那些股票可以在平盤下空它，現在幾乎所有可以信用交易的股票，都可以空了。

　　如今，「集團股」以及「概念股」在選股策策略上也許比較重要些。這也是一種「話題性」的類股。「類股」的股性，也由於它的集團本質和話題概念而可以看出來。

　　台股的「類股」股性，除了依它的營業項目歸類之外，從它是屬於什麼集團的股票，也可以看出一般。

　　以下的表格，是筆者多年前花了很多時間整理出來的，2013年10月16日筆者再度作了修訂。由於變化極大，且有時效性，此次修訂恐怕仍有疏漏，僅供參考。

台股的集團股（製表：作者）

集團名稱	類股	集團內的上市、上櫃個股、興櫃股票
泛鴻海集團	電子股	2317　鴻海、2328廣宇、2354鴻準、2392正崴、3062建漢、3481群創、3501維熹、3508位速、6121新普、6287元隆、6298崴強、3149正達、4958F-臻鼎、8064東捷、2314台揚。
	興櫃股票	4969兆晶、5231鑫晶鑽、4961天鈺、6414樺漢、3413京鼎。
	香港上市	2038富士康國際。

聯電集團	電子股	2303　聯電、2363矽統、2473思源、3014聯陽、3034聯詠、3035智原、3037欣興、3094　聯傑、3227原相、4944兆遠、5467聯福生、6147頎邦、6168宏齊、6202盛群。
	興櫃股票	3585聯致、4925智微、8179旭德。
聯華神通集團	食品股	1229聯華。
	塑膠股	1313聯成。
	電子股	2347聯強、2471資通、3004豐達科、3005神基、4906正文、6235華孚、8122神通。
聯發科集團	電子股	2454聯發科、3041揚智。
	興櫃股票	3538曜鵬。
鍊德集團	電子股	2349鍊德、2406國碩、3050鈺德、3615安可。
龍邦集團	營建股	2514龍邦。
	金融股	2833台壽保。
霖園集團	營建股	2501國建。
	金融股	2882國泰金。
震旦集團	電子股	2373震旦行、2433互盛電。
潤泰集團	營建股	2597潤弘。
	百貨貿易	2915潤泰全。
	其他	9945潤泰新。
廣達集團	電子股	2382廣達、3306鼎天、6188廣明。
遠雄集團	營建股	5522遠雄建、5607遠雄港。
遠東集團	水泥股	1102亞泥。
	紡織股	1402遠東新、1460宏遠、1710東聯。
	運輸股	2606裕民。
	金融股	2845遠東銀。
	百貨貿易	2903遠百。
	電子股	4904遠傳。

集團	類別	股票
裕隆集團	紡織股	1417嘉裕。
	電子股	3016嘉晶、3059華晶科、2338光罩。
	汽車股	2204中華、2201裕隆、2227裕日車。
	電機機械	1525江申。
	其他	9941裕融。
義聯集團	鋼鐵股	2007燁興、2023燁輝。
	興櫃股票	9957燁聯。
萬華集團	觀光股	2701萬企、2706第一店。
新寶集團	電器電纜	1604聲寶。
	電機機械	4532瑞智。
新光集團	紡織股	9926新海、1419新紡、1409新纖。
	油電燃氣	2850新產、9908大台北。
	其他	9925新保
	金融股	2888新光金。
華碩集團	電子股	4938和碩、2374佳能、2395研華、3694海華、3515華擎、2357華碩、3189景碩。
華榮集團	電器電纜	1608華榮。
	鋼鐵股	2009第一銅。
華新麗華集團	電器電纜	1605華新。
	電子股	2344　華邦電、2425承啟、2492華新科、3049和鑫、3582凌耀、3686達能、5469瀚宇博、6116彩晶、6173信昌電、6191精成科、8110華東、8183精星。
富邦集團	金融股	2881富邦金。
	電子股	3045台灣大。
	其他	9943好樂迪。
統一集團	食品股	1216統一、1232大統益。
	電子股	2434統懋、4946辣椒、6240松崗。
	營建股	2511太子。
	金融股	2855統一證。
	百貨貿易	2912統一超、5902德記。
	其他	8905裕國、9907統一實、9919康那香。

國豐集團	橡膠股	2101南港。
國碩集團	電子股	2406國碩、3691碩禾。
	興櫃股票	3645達邁。
國產集團	營建股	2504國產。
	其他	9917中保。
國巨集團	電子股	2327國巨、2375智寶、2437旺詮、2456奇力新。
能率集團	電子股	1566捷邦、5392應華、6123上奇、8071能率豐、9188精熙、2788精熙國際。
茂迪集團	電子股	6227茂綸、6244茂迪。
茂矽集團	電子股	2342茂矽、5387茂德。
耐斯集團	食品股	1217愛之味。
	觀光股	5701劍湖山。
威盛集團	電子股	2388威盛、2498宏達電、5344 立衛、6118建達、8068全達。
威京集團	塑膠股	1314中石化。
	營建股	2515中工。
南紡集團	水泥股	1104環泥。
	紡織股	1440南紡。
	橡膠股	2108南帝。
長榮集團	運輸股	2603長榮、2607榮運、2618長榮航。
	金融股	2851中再保。
金鼎集團	電子股	1815富喬、2367燁華。
	其他	8933愛地雅。
金仁寶集團	電子股	2312金寶、2324仁寶、3038全台、3596智易、5340建榮、6282康舒、8078華寶。
	存託憑證	9105泰金寶。
	興櫃股票	8155博智。
矽格集團	電子股	2325矽品、2449京元電、6257矽格。

東陽集團	塑膠股	1319東陽。
東元電機集團	電機機械	1504東元。
	電子股	2321東訊、2431聯昌、5438東友。
奇美集團	電子股	3481奇美電、8064東捷。
	興櫃股票	3610啟耀、4960奇美材、4969兆晶。
和桐集團	化學生技	1714和桐。
和信集團	水泥股	1101台泥。
	塑膠股	1312國喬。
	橡膠股	2104中橡。
	金融股	2823中壽、2891中信金、6008凱基證。
	化學生技	4725信昌化。
	電子股	6173信昌電。
佳和集團	紡織股	1449佳和、1456怡華。
宏碁集團	電子股	2352 佳世達、2353宏碁、2409友達、3046建碁、3231緯創、6281全國電、6285啟碁。
光寶集團	電子股	2301光寶科、3311閎暉、3593力銘、5305敦南、8008建興、8358金居。
	電機機械	8255朋程。
仰德集團	電機機械	1503士電。
	觀光股	2704國賓。
	油電燃氣	9937全國。
永豐餘集團	造紙	1905華紙、1907永豐餘。
	金融股	2890永豐金。
	電子股	5349先豐、8069元太。
	其他	8921沈氏。
永大機電集團	電機機械	1507永大、4523永彰。

正隆 集團	造紙	1904正隆。
	油電燃氣	2616山隆、8931大汽電。
台積電 集團	電子股	2330台積電、3443創意、5347世界、6244茂迪。
	興櫃股票	3374精材。
台聚 集團	塑膠股	1304臺聚、1305華夏、1308亞聚、1309臺達化。
	電子股	8121越峰。
台達電 集團	電子股	2308台達電、2332友訊、6138茂達。
	興櫃股票	3599旺能。
台塑 集團	塑膠股	1301臺塑、1303南亞1326臺化。
	紡織股	1434福懋。
	油電燃氣	6505台塑化。
	電子股	2408南科、3474華亞科、3532台勝科、8046南電、8131福懋科。
日月光 集團	電子股	2311日月光。
	營建股	2527宏璟。
	興櫃股票	3620日月鴻。
友達 集團	電子股	2352　佳世達、2353宏碁、2409友達、3046建碁、3231緯創、6281全國電、6285啟碁。
中纖 集團	化學生技	1718中纖。
	金融股	2812台中銀。
	化工股	4707磐亞。
中環 集團	紡織股	1475本盟。
	電子股	2323中環、3623富晶通、6144得利影。
中鋼 集團	電機機械	1535中宇。
	化學生技	1723中碳。
	鋼鐵	2002中鋼、2013中鋼構、2014中鴻。
	其他	9930中聯資、3663鑫科。
中鼎 集團	電子股	5209新鼎
	其他	6803崑鼎、9933中鼎。
中航 偉聯 集團	運輸股	2612中航。
	電子股	9912偉聯科。

大億交通集團	電機機械	1521大億、1522堤維西。
	電子股	8107大億科。
大眾集團	電子股	3701大眾控、5410國眾。
大同集團	電子股	2331　精英、2371大同、2442新美齊、2475華映、3519綠能、3579尚志、8085福華、8099大世科、600870廈華電子、000536華映科技。
	興櫃股票	4738尚化。
士林紙業	造紙	1903士紙。
	運輸股	2615萬海。
三商行集團	電子股	2427三商電。
	百貨貿易	2905三商行。
	化學生技	4119旭富。
	金融股	2867三商壽、6015宏遠證。
力麗集團	紡織股	1444力麗、1447力鵬。
	電子股	1471首利。
	營建股	5512力麒
力晶集團	電子股	3529力旺、3553力積、5202力新
	興櫃股票	3530晶相光。

如再加以細分，還有以下的概念股：

（1）、指紋辨識概念股：日月光、台積電、敦南、泰林、盛群、南茂。

（2）、4G LTE概念股：璟德、F-晨星、仁寶、日月光、威盛、聯發科、華寶、矽格等。

（3）、台商越南概念股：幸福、味王、大成、統一、台塑、南亞、三芳、達新、台化、遠東新、福懋、南紡、年興、強盛、儒鴻、聚陽、士電、廣隆、大亞、億泰、和益、萬洲、台紙、中鋼、建大、三陽、鴻海、仁寶、宏碁、勝華、錩新、群創、洋華、炎洲、東隆興、銘旺實、永捷、松和、桂盟、真明麗、寶成、大華、豐泰、百和、宏全、新麗、F-楷捷。

（4）、大哥大概念股：遠紡、台揚、遠傳、明電、碧悠、大霸電等。

（5）、固網概念股：東訊、亞旭、合勤、遠百、開發金、嘉食化等。

（6）、高鐵概念股：東元、大陸、長榮、長鴻等。

（7）、資產概念股：味全、津津、台榮、廣豐等、新紡、大魯閣、士電。

（8）、網路概念股：台泥、仲琦、精業、神達、宏碁、友立資訊等。

（9）、捷運概念股：新紡、士紙、士電、六福等。

（10）、微軟X-Box概念股：台積電、台達電、日月光、矽品、正崴等。

（11）、IA資訊家電概念股：大眾、環電、華碩、大同、映泰等。

（12）、藍芽概念股：全友、仁寶、致伸、英群、英業達、倫飛、昆盈等。

（13）、高雄經貿園區概念股：國化、建台、東聯、台塑、台泥、亞泥等。

（14）、台南科學園區概念股：大成、東和、南紡、東雲、正道等。

（15）、無線區域網路概念股：智邦、友旺、正文、友勁、振耀等。

（16）、IC卡概念股等等：所羅門、三商電、神腦、凌群、經緯、宏碁等。

（17）、摩根概念股：台泥、亞泥、統一、台塑、南亞等、東元、聲寶等。

（18）、Motorola代工：光寶科、聯電、楠梓電、台積電、燿華等。

（19）、Intel代工：日月光、華通、楠梓電、鴻海、華泰、友訊等。

（20）、Dell代工：金像電、群光、欣興、廣達、光寶科、仁寶、鴻海等。

（21）、Compaq代工：華宇、耀文、大同、神達、燿華、英業達等。

（22）、IBM代工：光寶科、台達電、華通、台積電、環電、明電等。

（23）、HP代工：神達、廣達、大同、華碩、仁寶等。

（24）、Nike代工：寶成、豐泰等。

（25）、PS2代工：鼎新、鉅祥、立隆電、鎰勝、台達電、鴻海等。

（26）、DVD代工：中環、英群、錸德、雅新、建興電、鈺德、訊碟等。

（27）、中國大陸概念股：正新、建大、巨大、寶成、達電、鴻海、川飛、利奇、台玻等。

（28）、中國B股概念股：大成、統一、復盛、羅馬、和成、、正新、台達電、華通、鴻海、燦坤、櫻花、國巨、統一實、建大等等。

（29）、三通概念股：台塑、中鋼、長榮、陽明、華航、萬海、長榮航空、晶華等等。

（30）、新藥概念股：杏輝、中橡、基亞、東洋、懷特、友華、中天、健亞、智擎、合一、德英、東生華等

在台灣，更特別的是，選舉概念股竟然也很影響人心。尤其選舉期間，由於政治因素，選舉前常出現一些利多消息，間接造成股市的波動；另外還有所謂的「彩券概念股」，當它在台灣剛開始宣傳及發行時期，都曾造成風潮。

由於台股有類股齊漲齊跌的特性，所以投資人應多了解各類股價格波動的特性，還應弄清楚各類股在技術線型上的歷史位置。

例如某一類股已經連續漲幾天了？某一類股已經跌幾天了？各類股輪動的腳步，也應事先了然於心。如果某一檔股票的族群趨勢（Group Trend）在技術線型上往下走的時候，這一檔股票再好也得小心。

當沖選股課 2
量增、量縮、量平的真正涵義

價量關係分開地說－－

價的觀念，一般投資人都懂；可是量的關係，卻非熟手莫辨。若要更深入了解量的關係，必須有更具體的數據來加以討論。

所謂成交量的大小，是相對的，並非絕對的。

一檔股票的「量」標準，不是「放諸四海而皆準」的。它會隨著時空的變化而變化，也會隨大盤成交量的變化而變化。

究竟一檔股票的成交量多大才算大？多小才算小？怎麼樣才稱為「量增」，怎麼樣才算是「量縮」？如何才稱為「量平」？

筆者認為，一檔股票的總成交量，如果有前一天的兩倍或兩倍以上，就算是成交量「放大」，即所謂的「量增」。

相對的，一檔股票的總成交量，如果只有前一天的二分之一或更少，就算是成交量「萎縮」，即所謂的「量縮」。

價量關係一覽表

價量變化	漲勢初期	已漲一波	高檔盤旋	跌勢初期	已跌一段	低檔整理
價漲量增	可酌量買進	如出現巨量(成交量比前一天增加三成以上),當心主力出貨。最好分批賣出持股。	觀察漲勢是否形成	觀望	觀望	觀察漲勢是否形成
價漲量縮	漲勢尚未形成宜觀望	漲停板鎖死,是為「惜售」。否則價量背離,有反轉可能。宜逢高分批賣出持股。	觀察漲勢是否形成	觀望	觀望	觀察漲勢是否形成
價漲量平	漲勢尚未形成宜觀望	可能開始作「頭」了,當心反轉而下。	觀察漲勢是否形成	觀望	觀望	觀察漲勢是否形成
價跌量增	觀望	如出現巨量(成交量比前一天增加三成以上),可能是主力「壓低出貨」,應儘快賣出持股。	觀察跌勢是否形成	量大收黑,如果籌碼是由主力倒給散戶,則後市堪憂。	這種價量背離是好事,表示快止跌。可分批買進。	觀察跌勢是否形成
價跌量縮	觀望	觀望。	觀察跌勢是否形成	跌勢已形成,不宜介入	量縮到極點,可能已近底部。但穩健者宜觀望,不要預測底部。	觀察跌勢是否形成
價跌量平	觀望	觀望。	觀察跌勢是否形成	跌勢可能已形成,宜觀望	底部可能出現,可注意買點。	觀察跌勢是否形成
價平量增	觀望	量放大卻不漲,股價要回頭。宜賣出持股。	可酌量買進	觀望	可能會止跌回穩,可酌量買進	打底完成可買進
價平量縮	觀望	頭部可能已經出現,應注意後市發展。	宜賣出持股退場觀望	觀望	價穩量縮,底部形成,可買進	打底完成可買進
價平量平	觀望	觀望。	觀望	觀望	觀望	觀望

當沖選股課 3
一步一步演練給你看

怎樣做功課呢？

很簡單，運用你個人的電腦就可以找出一堆股票的基本資料，包括：

一、它處於什麼歷史位置？

是在漲勢初期呢？還是已經漲了一波？

是在跌勢初期呢？還是已經跌過一段了？

今天的走勢是高檔盤旋呢？還是低檔整理？

二、它最近股價表現如何？

是屬於價漲量增呢？還是價漲量縮？價漲量平？

是屬於價跌量增呢？還是價跌量縮？價跌量平？

是屬於價平量增呢？還是價平量縮？價平量平？

三、它未來可能方向如何？

買賣股票不難，難的是對它未來的方向是否有預測能力。如果有人能百分之百

預測未來，而且分毫不差，那他不僅是贏家，甚至是股神。

我相信這個世上有投資股市的「當沖大王」，但沒有當沖的真正「股神」，因為神是不會錯誤的。雖然有一位常常跟我即時連線的上班族，常常驚嘆地叫我「神人」（意指股神），但我覺得十次有八、九次都贏，就算了不起了。另外的十分之一，常常需要耐心來調整（不是看錯，而是看早了兩、三天）。

至於一檔股票的未來命運，決定因素很多，但在筆者看來，真正透露出玄機的是它的價量關係。

高手能從一檔股票的價量關係看出它的未來，正如老練的刑警從「作案手法」就能猜到小偷是誰。這是因為小偷都有其惡習，股票的價量關係也多半有其慣性。

舉例來說，2009年10月2日，大盤跌了133點，卻有一檔股票是漲停板的，那就是「連宇」（代號：2482）。這檔股票到這一天為止，已進入第六天漲停板。它這六天的成交量如下：

	日期	星期	最高價	最低價	收盤價的變化	成交量的變化
1.	9月25日	五	⊕22.30	20.80	⊕22.30	1,011
2.	9月28日	一	⊕22.85	⊕22.85	⊕22.85	1,566
3.	9月29日	二	⊕25.50	⊕25.50	⊕25.50	824
4.	9月30日	三	⊕27.25	⊕27.25	⊕27.25	394
5.	10月01日	四	⊕29.15	⊕29.15	⊕29.15	149
6.	10月02日	五	⊕31.15	30.60	⊕31.15	9,034

從價格變化來看，這六天之內，從最低的20.8元到最高的31.15元，漲幅是49.75%，也就是將近五成了。

難怪券商在統計表格上備註上說：股價波動過於激烈。

從10月1日的量能極縮到149張，再到10月2日放大到9,034張，量放大60倍。

計算方法是：9,034張 ÷149張＝60.36（倍）

這個周轉率也太高了吧！不過，當筆者再去查閱相關資料，發現10月2日這檔

股票有2,412張是當沖的額子。它的實際量是9,034張－2,412張＝6,622 張。

再算從10月1日到10月2日的量放大情況是：6,622張 ÷149張＝44.44（倍）

接著，筆者再做了幾張表格，包括「連宇」的K線圖、它的資券關係、三大法人進出表、主力進出表。

從附圖的幾張表中，可以看出：

1.在這六天中，除了頭尾兩天之外，其餘四天都是跳空的（從開盤價、最高價、最低價都是漲停）。

2.飆漲第一天，才1,011張就拉漲停，可見它的浮額已被洗清了。

3.籌碼看來都在主力手上，明顯是自己左手進、右手出，連每天買超、賣超的張數都差不多。

4.現在很多吃過主力苦頭的人，都知道主力自己玩的股票不適合「跟進」，而適合「跟出」，也就是高檔放空，反而比較容易賺錢。

5.當他下跌時，融券必然會減少（因為怕主力軋空，有賺就補回），那時就會「多殺多」，所以隱伏著下挫的危機。

6.這檔股票不是高手不要玩，因為隨時會下跌；但因主力出不掉股票的時候，會拉抬一下，用以誘多，以便出貨。如果能掌握他的心理，高手還是可以投機一下。不過，手腳要夠快。

圖5-5　連宇(2484)的日K線圖＋資券關係表。

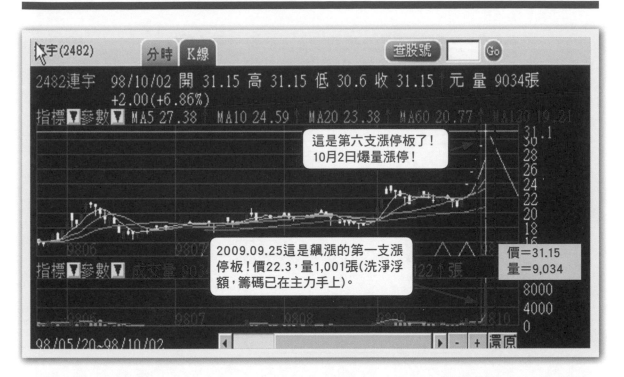

日期	融資					融券					資券相抵數(張)	備註
	資買	資賣	資現償	資餘	資增	券賣	券買	券現償	券餘	券增		
2009/10/02	1934	1882	10	6396	42	539	81	0	669	458	2412	A
2009/10/01	101	43	0	6354	58	9	6	0	211	3	0	
2009/09/30	124	105	0	6296	19	156	0	0	208	156	0	
2009/09/29	390	219	0	6277	171	8	0	0	52	8	0	
2009/09/28	681	499	0	6106	182	14	0	0	44	14	19	
2009/09/25	597	208	0						30	8	40	
2009/09/24	60	80	0						22	0	0	
2009/09/23	107	179	0	5555	-72	0	1	0	22	-1	0	
2009/09/22	113	68	0	5627	45	0						
2009/09/21	84	210	0	5582	-126	0	4		23	-4	13	

2009/10/2

這是第六支漲停板了！
10月2日爆量漲停！

2009.09.25這是飆漲的第一支漲停板！價22.3，量1,001張（洗淨浮額，籌碼已在主力手上）。

價＝31.15
量＝9,034

連續飆漲六天的後面三天，融券的張數漸漸多了。

10月2日，當沖的股票有2,412張。

股價波動過於激烈

（圖片來源：XQ全球贏家）

圖5-6　連宇(2484)的三大法人進出表＋主力進出表。

三大法人(外資,投信,自營商)近兩個月內的合計進出狀況(以張數為顯示單位)　　　　2009/10/2

日期	外資	投信	自營商	單日總計	累積量
2009/10/02	12	0	2	14	77
2009/10/01	0	0	0	0	63
2009/09/30	0	0	0	0	63
2009/09/29	0	0	0	0	63
2009/09/28	-2	0	0	-2	63
2009/09/25	-10	0	-2		65
2009/09/24	-7	0	-1		77
2009/09/23	-10	0	2		85
2009/09/22	-2	0	-1	-3	93
2009/09/21	-1	0	-1	-2	96
2009/09/18	0	0	-2	-2	98
2009/09/17	4	0	2	6	100
2009/09/16	9	0	-1	8	94
2009/09/15	-10	0	0	-10	86
2009/09/14	-27	0	2	-25	96
2009/09/11	9	0	-2	7	121
2009/09/10	9	0	1	10	114

連宇這檔股票，當時三大法人似乎介入不深。

2009/10/2

買超張數	賣超張數	買賣超	鎖定率	累積量	日期
8023	8044	-21	-0.05	-119	2009/10/2
148	143	5	0	-98	2009/10/1
362	372				2009/9/30
731	750				2009/9/29
1361	1484	-123	-0.2	-74	2009/9/28
979	909	70	0.11	49	2009/9/25
140	137	3	0	-21	2009/9/24
393	378	15	0.02	-24	2009/9/23
259	253	6	0.01	-39	2009/9/22
380	369	11	0.01	-45	2009/9/21
254	279	-25	-0.04	-56	2009/9/18
490	501	-11	-0.02	-31	2009/9/17
289	289	0	0	-20	2009/9/16
390	397	-7	-0.01	-20	2009/9/15

主力自己在玩的跡象明顯。
因為散戶手上沒有那麼多股票。

（圖片來源：XQ全球贏家）

CHAPTER 6

看價量／
只用 1 招捉飆股

技術分析是當沖的基本功，
若還沒有來得及扎下根基，
就先來學這一招──
啟動飆股的低谷紅三兵。

技術分析看盤 1
低谷連三紅，潛力大黑馬

「低谷反彈連三紅」，又叫「紅三兵」，是潛力的大黑馬。這句話最重要的是「低谷」。如果在高檔就不一定了，讀者千萬要注意。

玩當沖的人，雖然重視的是短線的行情，但是一個真正的當沖高手，他的「視野」卻要著眼於有波段行情的個股。唯有著眼於波段、選擇波段潛力黑馬股，才會有天天可玩的當沖。當然，也不必選擇那種籌碼已被特定人吸光了、天天跳空漲停或天天跳空跌停的個股，因為那樣一來，當沖都沒得玩了。這是唯一的例外。

選擇有波段行情的個股，就是一種「以長線保護短線」的高手做法。

如果你準備玩「先買後賣」的當沖，就得找這檔股票的趨勢是往上走的，才不會突然在當天給你一個意外！當沖高手最怕的就是碰上意外。如果你準備玩「先賣後買」的當沖，就得找這檔股票是往下走的趨勢，才不會突然給你一個軋空！不過，先賣後買要有「先見之明」，一旦被公認是弱勢股時，往往它一開盤就會很快地掉到盤下去了。因此，你想先賣後買，可能就沒機會了。你一定要注意「平盤以下不得放

空」的規定。

　　基本上，選擇波段飆股的秘訣很多，筆者在「股票超入門5－波段飆股」一書有有細膩的解說。這裡先提供兩個玩當沖的人可以參考的指標。依據筆者多年上千次的親身驗證，準確率非常高。首先，就是「低谷反彈連三紅」的個股，是當沖作多的好對象。其次是：盤整已久，突然爆量上攻拉漲停的個股。

　　不論如何，臨場的隨機應變才是最重要的。我們在玩當沖的前一天，既然已先有一份「當沖的個股候選名單」，並作過徹底的研究，接著，就要根據這些名單打游擊戰了。在選擇目標物時，要以「低谷反彈連三紅」的個股，為優先條件。這樣的股票比較有保障，而且也是潛力大黑馬。

　　舉例來說，我們來看看「美利達」（代號：9914）這一檔個股。它的股價在2013年6月26、27、28日就是在低谷反彈之後拉出「連三紅」。這樣的股票，就是適合先買後賣的當沖作多。這三天的股價，在低谷的位置連續拉出連三紅，暗示往後「還有更高價」。這時，當然也是適合先買後賣、當沖作多的時機。

圖6-1　美利達（9914）2013年6月26、27、28日在低谷反彈後拉出「連三紅」。

（圖片來源：XQ全球贏家）

圖6-2　　　　　　　　圖6-3　　　　　　　　圖6-4

查價		查價		查價	
時間	2013/06/26	時間	2013/06/27	時間	2013/06/28
商品名稱	美利達	商品名稱	美利達	商品名稱	美利達
開	163.00	開	170.00	開	169.00
高	171.00	高	178.00	高	178.00
低	162.00	低	169.00	低	169.00
收	169.00	收	171.00	收	178.00
漲跌	9.00	漲跌	2.00	漲跌	7.00
漲跌幅	5.63%	漲跌幅	1.18%	漲跌幅	4.09%
游標	171.76	游標	172.83	游標	173.04
SMA3	163.50 ↑	SMA3	166.67 ↑	SMA3	172.67 ↑
SMA5	165.10 ↓	SMA5	166.00 ↑	SMA5	167.90 ↑
SMA8	170.44 ↓	SMA8	168.88 ↓	SMA8	169.13 ↑
成交量	3458張 ↑	成交量	2398張 ↓	成交量	1543張 ↓
MA5	2850張 ↑	MA5	2763張 ↓	MA5	2189張 ↓
MA10	1997張 ↑	MA10	2149張 ↑	MA10	2226張 ↑

（圖片來源：XQ全球贏家）

　　再舉例來說，我們來看看另一檔股票「聰泰」（代號：5474）這一檔個股。它的股價在21013年3月11日、3月12日、3月13日這三天的股價，也是連續拉出連三紅，暗示著即將拉開較大的行情，這是在長久的橫盤之後，首次的「連三紅」；接著，在2013年3月19日、3月20日、3月21日，這檔股票又繼續拉出了「連三紅」，這是第二次的「連三紅」，由於它處於歷史「低谷」的位置，所以暗示著「大行情」即將牽動的確立。

　　在筆者強調的「長線保護短線」的基礎上，這個時候先買後賣、當沖作多，勝算是很大的。

　　「聰泰」這一檔股票，經過筆者驗證，後來果然出現了很大一波段強勢攻堅的盤面。

　　在一路向上的「上坡路」，我們做「當沖」勝算就非常大！

圖6-5 「聰泰」（5474）在連續拉出兩次的「連三紅」之後，大行情就確立了。

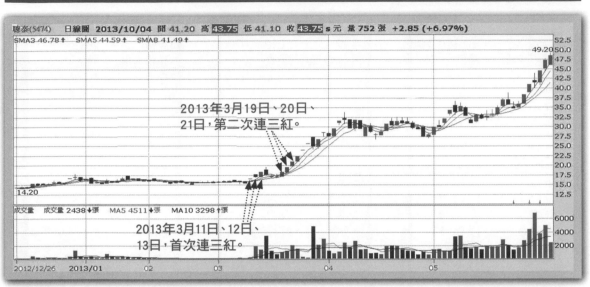

2013年3月19日、20日、21日，第二次連三紅。

2013年3月11日、12日、13日，首次連三紅。

（圖片來源：XQ全球贏家）

圖6-6　　　　　　　　圖6-7　　　　　　　　圖6-8

查價	✕
時間	2013/03/11
商品名稱	聰泰
開	16.60
高	16.60
低	16.60
收	16.60
漲跌	1.05
漲跌幅	6.75%
游標	16.27
SMA3	16.00 ↑
SMA5	15.99 ↑
SMA8	15.89 ↑
成交量	202張 ↑
MA5	105張 ↑
MA10	72張 ↑

查價	✕
時間	2013/03/12
商品名稱	聰泰
開	17.75
高	17.75
低	17.10
收	17.15
漲跌	0.55
漲跌幅	3.31%
游標	16.83
SMA3	16.43 ↑
SMA5	16.20 ↑
SMA8	16.08 ↑
成交量	1877張 ↑
MA5	465張 ↑
MA10	258張 ↑

查價	✕
時間	2013/03/13
商品名稱	聰泰
開	17.15
高	18.35
低	17.05
收	18.35
漲跌	1.20
漲跌幅	7.00%
游標	17.94
SMA3	17.37 ↑
SMA5	16.70 ↑
SMA8	16.40 ↑
成交量	1361張 ↓
MA5	730張 ↑
MA10	385張 ↑

（圖片來源：XQ全球贏家）

圖6-9　　　　　　　　圖6-10　　　　　．　　　圖6-11

查價	🗙
時間	2013/03/19
商品名稱	聰泰
開	17.25
高	18.40
低	17.25
收	18.40
漲跌	1.20
漲跌幅	6.98%
游標	18.71
SMA3	17.63 ↑
SMA5	17.79 ↑
SMA8	17.28 ↑
成交量	944張 ↑
MA5	1526張 ↓
MA10	996張 ↑

查價	🗙
時間	2013/03/20
商品名稱	聰泰
開	18.40
高	19.65
低	18.05
收	19.65
漲跌	1.25
漲跌幅	6.79%
游標	19.49
SMA3	18.42 ↑
SMA5	18.05 ↑
SMA8	17.79 ↑
成交量	1202張 ↑
MA5	1494張 ↓
MA10	1112張 ↑

查價	🗙
時間	2013/03/21
商品名稱	聰泰
開	19.90
高	21.00
低	19.90
收	21.00
漲跌	1.35
漲跌幅	6.87%
游標	20.15
SMA3	19.68 ↑
SMA5	18.71 ↑
SMA8	18.34 ↑
成交量	2048張 ↑
MA5	1214張 ↓
MA10	1304張 ↑

（圖片來源：XQ全球贏家）

　　再舉橋椿為例。這一檔股票所屬的產業是「水龍頭」，沒什麼特殊的地方，但今年（2013年）以來卻漲了兩倍之多（截至2013年10月6日為止，漲幅高達204.44%）。股價淨值比，已經達到3.3倍了！請看圖6-12的「月線圖」就明白。2013年5月，法人著墨甚多，消息面也非常有利於股價向上飆：「水龍頭製造廠橋椿（2062）5月合併營收達5.28億元，創下近21個月以來營收最佳表現。目前北美客戶訂單依舊相當持穩，而公司產能仍舊追不上訂單……」雖然有這樣的新聞加持，但行情顯然也是「人為的炒作」，因為股本只有16.3億元，籌碼卻非常集中（見圖6-13），外資和投信都買了不少，流通在外的籌碼不多了。在籌碼已經被鎖定之後，極容易噴出。所以介入時手腳得非常快，才不會受傷。但是，**我們要強調的是它在剛剛發動的時機。在那樣的時機投入，比較安全。首先，我們要知道的是，並非最低檔的26元左右，就是最適合做當沖的時機，因為它並沒有要啟動大行情的特徵，而是「突然」急拉而上的**（見圖6-14）。

技術分析看盤 2
熱門?從月線圖可以看出來

圖6-12　橋椿（2062）是2013年最熱門的股票之一，從月線圖就可一目了然。

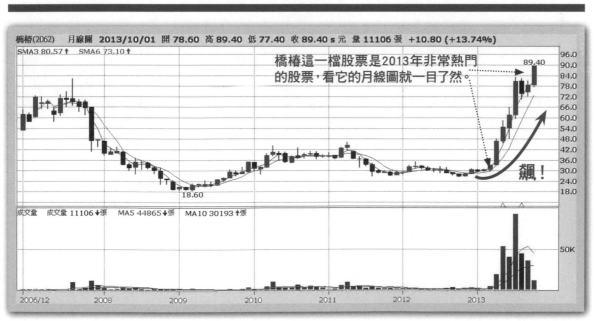

（圖片來源：XQ全球贏家）

圖6-13 橋椿（2062）的籌碼非常集中。

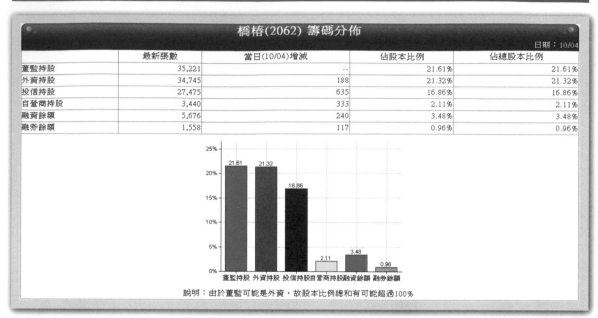

（圖片來源：XQ全球贏家）

圖6-14 橋椿（2062）在2012年底就曾「突然」急拉過一波，但並不容易掌握。

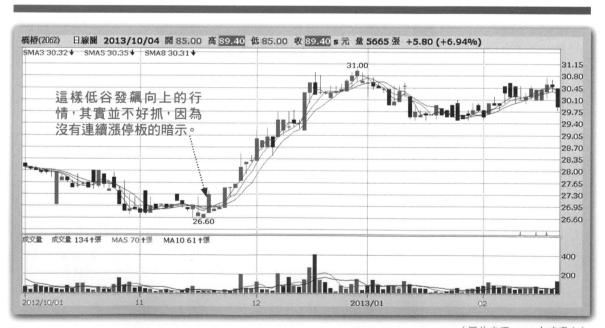

（圖片來源：XQ全球贏家）

我們看圖6-14，在2012年底股價只有26元左右時，就曾經「突然」急拉過一波，不過，並不容易掌握。因為這樣低谷發飆向上的行情，其實並不好抓，因為沒有連續漲停板的暗示。

我認為一檔股票要發飆有時是沒有徵兆的（或許是景氣循環，或許是籌碼已經沈澱很久了、有心人介入），我們如果在它26元附近介入而獲利，只能說是運氣不錯，賭對了。然而，真是次技術面掌握行情的應該在 2013年股價開始熱門的時候，尤其在48.2元左右，那時人氣也旺，又有消息面挹注、法人拉抬，股價就欲小不易，那麼做「當沖」可就輕鬆愉快了。在5月份之後，相信任何做當沖的人都很容易賺錢。

請看圖6-15，橋椿在2013年6月17日、6月18日、6月19日這三天，也算是低谷連三紅，因為這三天的漲幅都很大（見圖6-16、圖6-17、圖6-18），從這三天之後，量能也不斷發動，於是大行情就開始了。

圖6-15 「橋椿」（2062）17日到19 日三天低谷連三紅，啟動了向上的大行情。

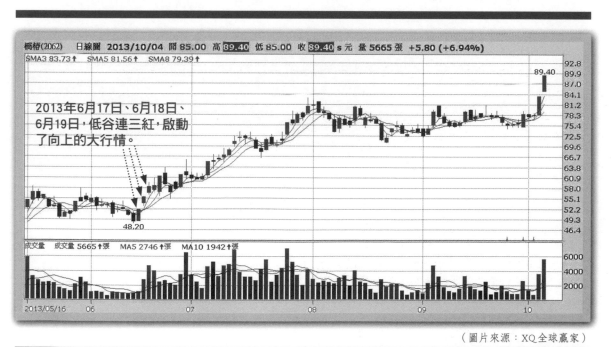

（圖片來源：XQ全球贏家）

圖6-16　　　　　　　　　圖6-17　　　　　　　　圖6-18

查價	⊠
時間	2013/06/17
商品名稱	橘椿
開	48.90
高	52.20
低	48.90
收	52.20
漲跌	3.40
漲跌幅	6.97%
游標	51.63
SMA3	50.53=
SMA5	51.16↑
SMA8	51.64↓
成交量	1099張↑
MA5	938張↑
MA10	930張↓

查價	⊠
時間	2013/06/18
商品名稱	橘椿
開	53.80
高	55.70
低	53.00
收	55.60
漲跌	3.40
漲跌幅	6.51%
游標	54.11
SMA3	52.20↑
SMA5	51.88↑
SMA8	51.93↑
成交量	2795張↑
MA5	1296張↑
MA10	1107張↑

查價	⊠
時間	2013/06/19
商品名稱	橘椿
開	56.70
高	59.40
低	56.20
收	58.40
漲跌	2.80
漲跌幅	5.04%
游標	58.14
SMA3	55.40↑
SMA5	53.12↑
SMA8	52.58↑
成交量	4771張↑
MA5	2069張↑
MA10	1477張↑

（圖片來源：XQ全球贏家）

技術分析看盤 3
同樣連三紅，命運各不同

選擇一檔飆股，有一些高手的「眉角」，這就是所謂的「訣竅」。江湖一點訣，說破不值錢。但是，筆者已決定把它「說破」，回饋細心閱讀的股友。

在波段大黑馬的選擇上，連三紅的觀察，是一個準確率非常高的判斷方式。但必須了解的具體條件是：**所謂「連三紅」至少要有兩紅是當天的漲幅要在6%以上。如果其中只有一次漲幅在6%以上，其他兩次都不過只漲了3%而已，那麼這樣的連三紅既不強，也不具備攻擊力。**有時這種弱勢連三紅是隱含著以下的意義：

一、可能當天的大盤很強，漲停板家數很多，這檔股票只是被整個氣氛帶動上來而已。所以呈現弱勢的漲停板現象。

二、當天這檔股票的同類股都非常強，類股內的個股紛紛漲停，它也跟上來。

三、主力可能出貨不順，希望透過連三紅的拉抬，以尋找下車的機會。

四、它是補漲股，前陣子都沒漲，現在輪它漲。這種股票有如開胃菜，當牛排送上來的時候，它就必須下桌了，所以非常危險。

圖6-19　緯創的兩個「連三紅」之比較。

（圖片來源：XQ全球贏家）

　　從2009年6月15日～10月5日，共有兩個大波段，左邊的波段，是由6月15日～8月21日，坡度較陡（幅度較大）；右邊的波段，坡度較平（幅度較小）。

　　原因是緯創在左邊波段中的低谷反彈連三紅，漲幅是：

　　第一天　2009年6月15日：漲幅6.95%。第二天　2009年6月15日：漲幅2.60%。第三天　2009年6月15日：漲幅6.04%。

　　這三天的漲幅平均是：（6.95%＋2.60%＋6.04%）÷3＝5.2%

　　而在右邊波段中的低谷反彈連三紅，漲幅是：

　　第一天　2009年6月15日：漲幅3.52%。第二天　2009年6月15日：漲幅6.26%。第三天　2009年6月15日：漲幅3.37%。

　　這三天的漲幅平均是：（6.95%＋2.60%＋6.04%）÷3＝4.38%

　　從左、右兩波段的連三紅強度，能預估緯創在兩個時段的攻堅強度完全不同。依據筆者的揣測，這兩波段的差異，由於前一波段緯創的利多（訂單滿檔、營運不錯）激勵了股價；而後一段時期的股價表現，因已反映利多消息，故顯得疲軟。

技術分析看盤 4
半山腰中的連三紅不算

圖6-20　愛之味的日線圖。

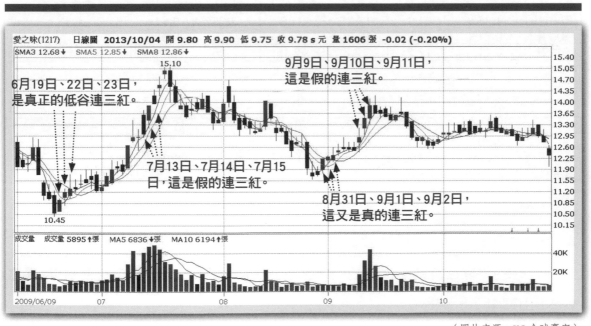

（圖片來源：XQ全球贏家）

我們再來看看一檔股票：愛之味（代號：1217）。這檔股票近期有兩次我們所說的「股價連三紅」，分別在2009年6月19日、6月22日、6月23日和2009年的8月31日、9月1日、9月2日。都在低谷的反彈之後才拉出長紅。但也有兩次並非真正的「股價連三紅」，分別在2009年的7月13、14、15日以及2009年的9月9、10、11日。原因是日期都是在第一、二次的股價連三紅之後，屬於半山腰中。

（表A）第一次真的股價連三紅：

	股價漲幅	開盤	最高	最低	收盤	成交量	平均價量
6月19日	3.79%	10.6	11	10.6	10.95	5,458	價的漲幅：2.32% 三日均量：7,690
6月22日	2.28%	11.05	11.3	10.8	11.2	6,743	
6月23日	0.89%	11.1	11.75	11	11.3	10,868	

（表B）第一次假的股價連三紅

	股價漲幅	開盤	最高	最低	收盤	成交量	平均價量
7月13日	0.78%	13.6	13.75	12.9	13	40,777	價的漲幅：2.69% 三日均量：45,708
7月14日	6.92%	13.45	13.9	13.2	13.9	47,502	
7月15日	0.36%	14.2	14.4	13.95	13.95	48,846	

（表C）第二次真的股價連三紅

	股價漲幅	開盤	最高	最低	收盤	成交量	平均價量
8月31日	4.26%	11.9	12.25	11.8	12.25	6,614	價的漲幅：1.69% 三日均量：6,186
9月1日	0.41%	12.2	12.35	12.1	12.3	5,683	
9月2日	0.41%	12.2	12.6	12.15	12.35	6,260	

（表D）第二次假的股價連三紅

	股價漲幅	開盤	最高	最低	收盤	成交量	平均價量
9月9日	3.20%	12.75	13.2	12.45	12.9	17,619	價的漲幅：3.6% 三日均量：31,182
9月10日	4.65%	13.2	13.7	12.95	13.5	32,255	
9月11日	2.96%	13.5	14.1	13.3	13.9	43,672	

　　如何判斷「真」、「假」呢？請看下面的數據：

　　一、從前後的日期判斷：表B是來在表A之後的；表D是來在表C之後的。

　　二、從它K線位置判斷：表A和表C都才剛由低谷反彈；表B和表D都已在反彈之後的半山腰中。

　　三、從它的量能來判斷：表B的三日均量大於表A；表D的三日均量大於表C。

量價分析看盤 1
久橫盤爆量漲停是黑馬

　　已故的企業家王永慶有一個著名的「瘦鵝理論」，是說瘦鵝具有強韌的生命力，不但胃口奇佳，而且消化力特強，所以只要有食物吃，立刻就肥大起來。

　　任何人在走霉運時，要學習瘦鵝一樣忍飢耐餓，鍛鍊自己的忍耐力，培養毅力，等待機會到來。只要餓不死，一旦機會到來，就會像瘦鵝一樣，迅速地強壯肥大起來。

　　股市有些個股就是這樣。

　　因為無人買，也無人賣。股價就一直在那兒橫盤、橫盤，但是一旦橫盤久了，有一天爆量拉漲停了，就是一檔黑馬股，大家都會見到它亮燈漲停而蜂湧而來，使它頓時人氣聚集，充滿了爆發力。這在當沖的時候，應該是很容易見到漲停板的個股。

　　舉例來說，台嘉碩（代號：3221）便是這樣的一檔潛力黑馬股。

　　我們來看看它的K線圖：

圖6-21　台嘉碩的日線圖。

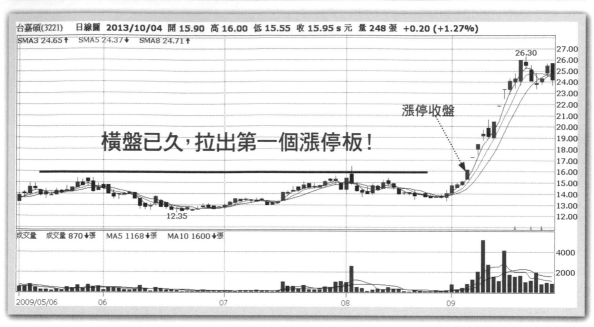

（圖片來源：XQ全球贏家）

　　現在，我們再另外舉一個實例來看看吧！

　　2009年9月4日，筆者就發現一檔電子股——廣宇（代號：2328）有大量攻堅的意圖，立刻把它的K線圖打開來看看，赫然發現這一檔股票是黑馬股。

　　因為我們看它前面的走勢就知道了。

　　長期的橫盤線型，到了這一天竟然有明顯的放大量。筆者就在那一天完成了一個成功的當沖！但是，我留了部分持股靜觀其變，如果第二天繼續放出大量，那就表示「有鬼了」。

　　當主力介入之後，通常有「洗盤」的動作。

　　果然在幾天量縮整理之後，開始激烈地上攻，然後在大盤逐漸回檔的過程中，主力順勢操作悄悄地撤了。它的撤退是利用「量大不漲」的模式完成使命的。

　　這檔股票從2009年9月4日起，就是「長線保護短線」的最佳當沖機會，在那期間玩當沖，勝算非常大。

圖6-22　廣宇的日線圖。

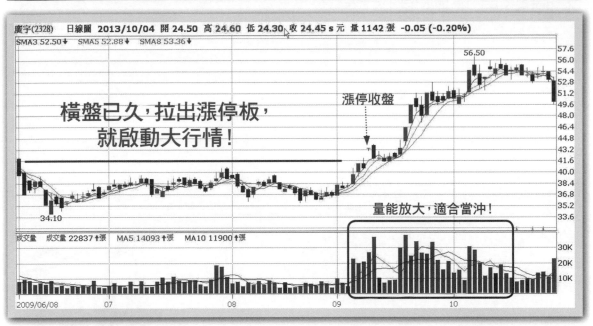

量價分析看盤2
不聽消息，輕易搭轎子

　　另外，我們再來看2009年3月9日（星期一）一個真實的個案。

　　這檔股票的股性，我摸得非常在行。從發掘這檔股票裡，也可以說明筆者在這一天的操盤過程，是如何穩穩地賺。筆者在漫不經心的情況下，就把錢賺到手了。股友們或許可以從下面清楚描述的情境中獲得激勵。

　　首先，筆者在前一天晚上，即已先花了大約兩個鐘頭時間，瀏覽過大盤的走向及類股概況，並研究過個股行情。

　　在我所熟悉的諸多個股中，發現智寶（代號：2375）有主力再度下海操盤的痕跡，就決定隔天小玩十張（當天智寶股價是3.01元，一張才三千元左右，加上運用融資的關係，若要買十張，全部資金才需要一萬多元）。這樣超少的資金操作，應該給散戶有學習的信心吧！

　　但是，如何確認主力有沒有下海呢？

　　我們先來看看智寶的K線圖：

圖6-23　智寶的日線圖。

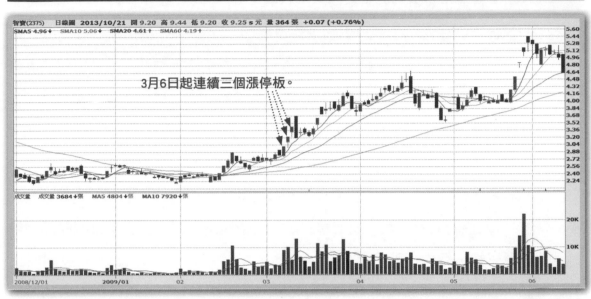

（圖片來源：XQ全球贏家）

　　不論智寶主力是在何時吸收基本籌碼，但我們從它的K線圖，就可以明顯看出它是在2009年2月13日正式發動攻勢的。連攻四天後，下殺、洗盤三天，到第四天止跌，收小紅。然後，繼續爬坡向上，足證主力的企圖心仍強。

　　到了2009年3月6日（星期五），是一個抉擇的十字路口了。因為主力面臨到前一波的高點3.07（時間在2008年11月11日），必須盤整待變，還是帶量上衝，完全由主力作決定了。經過研究，筆者下了三個結論：

　　一、主力既然已經猛攻好幾天，又經過洗盤下殺還是不跌顯然資金仍未撤走。

　　二、如果3月9日智寶開高，我就對主力的上攻意願，確認百分之五十。

　　三、如果3月9日智寶再放出大量（相對於前幾天），預估不少於前一天的量（或差不多），我就確認百分之百。

　　這樣判斷是不是很簡單呢？在決定下海玩十張的當天（2009年3月9日星期一），筆者就在早盤九時之前掛進買單十張。我掛的價是平盤。為什麼呢？因為：

　　一、從那段期間的整體走勢來看，由於聯發科調高財測效應，上周激勵電子股

全面噴出，所以本週（三月九日是星期一）必須留意電子股獲利回吐的賣壓。智寶也是電子股，不得不小心。

二、智寶這一檔股票，受到集團母公司國巨（2327）股價表現強勁激勵，股價同步走高，單周漲幅近一成，單日成交量最高逾萬張，一位財經記者還在報導中強調「股價短線漲幅已高」。記者雖然這樣善意提醒投資人，但筆者一向不相信這樣的說法，因為股價往往是「強者恆強、弱者恆弱」的。高手過招，看的不是股價是否已高，而是看它的氣勢是否已弱！

三、早盤全球股市，多半是大跌的。根據經驗，台股也好不了，一定跟著跌。

果然9日大盤開盤就下殺，加上國內電子大廠利空影響，台股當日開盤即相較於亞股表現弱勢，盤中指數一度跌破4600點關卡。由於鴻海(2317)97年股利創15年來新低，股價當日更跌停開出（直到收盤，仍有兩萬七千二百八十三張的鴻海股票掛著，賣不掉！）加上宏達電(2498)2月營收不如預期，拖累電子大軍氣勢轉弱。然而，我所鎖定的智寶，卻如我所願，開出了高盤：

圖6-24　智寶的「分時走勢圖」。

2009年3月9日智寶開盤價是3.11，與平盤價3.01比較，等於是漲了3.32 %，對於這樣的開盤，雖然我是沒買到的，但是我相信，這一檔股票當天會有爆發力的。所以，我先抽單觀察。

不久，由於全球股票多是跌的，所以引來了殺盤，智寶也跟著下挫。經過三波的殺盤之後，智寶已顯出敗相，而我卻高興可以準備買了！

果然，第四波的殺盤勁道非常凶，直殺到盤下。我立刻毫不猶豫地下單，以市價買進。（所謂市價買進，就是用漲停板的價格去追買）。結果，我第一筆（五張）的買單，就在早上9時43分49秒成交。各位讀者從它的「分時走勢圖」下方，應該可以看到我買到的是當天的最低點！

買到最低點，純粹只是巧合、幸運而已。但是，當大盤在下殺的時候，一般散戶只會跟著恐慌性地賣出股票，很少人會相反地買股票，除非有把握的主力才敢逆向操作。而我這個只買10張股票、只花一萬多元的「小散戶」，當然不會是主力！這時，我就像一個打算衝過十字路的人一樣，腦袋左右晃晃、看看，覺得沒有危險，立刻又把剩下的一筆五張的買單下了！這一次，我掛進買到的是3.03元，成交的時間是早上9時45分29秒。

在我的第二筆買單成交之後，仍在盤前觀察了二十分鐘，發現不再有3.03的價位了，就放心地把電腦關機，出門去辦我的私事去了。

圖6-25　智寶的成交回報截圖。

（圖片來源：作者提供）

我非常有自信，肯定自己是穩穩地搭了主力的轎子！

不信嗎？

當我下午兩點左右回到家中時，好奇地開機看看盤，不料，這一檔股票竟然漲停板收盤！

在大盤急跌時，我買到智寶的最低點，表示對前一晚研究出來的這一檔股票有信心，隨後又以較高價格追價，結果智寶收3.22元。寫到這裡，不必再告知您，我是賠還是賺了。事情已非常明朗，又是一次完美的當沖！

如果已經與本錢拉開了距離，最後還是沒賺到錢，那未免太可憐了！

隔天開高就賣，是短線操盤的方法；且戰且走，高出低進，則是波段操作的手段。無論怎麼說，這盤「棋」，你是贏定了！

股票的錢是不是很好賺？需要目不轉睛、拚命盯著盤看嗎？

最重要的是要知道股性、感覺要敏銳，如此而已。

圖6-26　這是2009年3月9日筆者用網路下單的方式買的股票畫面截取圖。

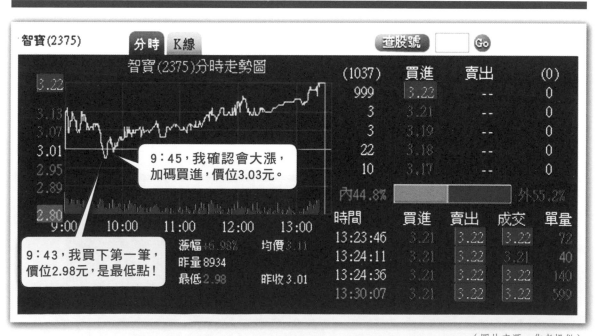

（圖片來源：作者提供）

圖6-27　又是一個漲停板！這是筆者在2009.03.09.買進之後的次日分時走勢圖：

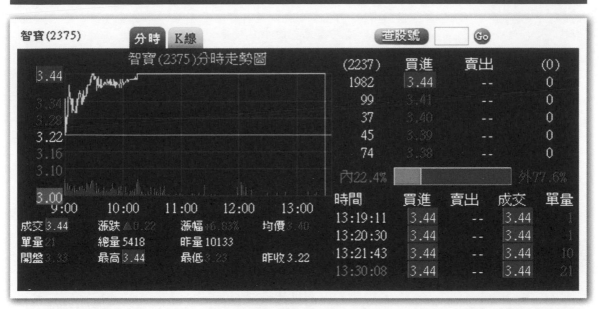

（圖片來源：作者提供）

i 世代投資系列

可投資金額只有幾千元，教你如何安全的以小搏大！

學生、上班族看過來……。錢不多，受不起大風浪，也沒有太多的投資經驗，
但這個 i 世代系列已經都為你設計好了，不管你是想買股票、權證、選擇權還
是期貨等等，書中都為你的小額投資量身打造。

i世代投資①
定價：249元

2000元開始的股票投資提案
imoney123編輯部　編著

i世代投資②
定價：249元

沒有理由不賺錢的股價圖學習提案
imoney123編輯部　編著

i世代投資③
定價：249元

5000元開始的選擇權投資提案
作者：賴冠吉 老師

i世代投資④
定價：249元

股市贏家精通的技術線學習提案
imoney123編輯部　編著

i世代投資⑤
定價：249元

股市聰明獲利的買賣點學習提案
imoney123編輯部　編著

i世代投資⑥
定價：249元

3000元開始的權證投資提案
作者：賴冠吉 老師

CHAPTER 7

手把手／
當沖大王實戰解析

四個當沖操盤實戰，
看大王如何分析股性、
如何從個股的氣勢、走勢，看運勢。

您會不會玩象棋呢？

筆者年輕時曾經是桃園縣高中組的象棋比賽冠軍，後來由於工作忙碌，加上生活環境周遭朋友之間沒有下棋的風氣，因而棋藝逐漸退步。

如今，高手輩出，筆者只能算是一位象棋的鑑賞者了。

回想起來，象棋的道理可以運用在本書的有：

一、當年所以能壓倒同儕、贏得冠軍，是因為我常常閉關打譜。

意思就是：關起房門獨自翻閱棋書、自行排譜演練。換句話說，是自己下過功夫的。

因此，筆者覺得股票操盤術，應該也可以如此自修、練習。在本章中，筆者將示範如何操作股票當沖的絕技，讀者可以關起房門來仔細研究一番，必定進步神速。

二、億萬財富買不到一個好的觀念，好的觀念卻能讓你賺到億萬財富。

當年筆者非常佩服古人的心血結晶——棋譜「橘中祕」、「竹香齋棋譜」等等，覺得書中的絕技，真是嘆為觀止。常常為這些高手的解析，而深思再三，覺得獲益不少。

本章就等於是象棋的實戰棋譜一樣，筆者會知無不言、言無不盡地解析個人操盤的觀念與想法。畢竟賺錢是屬於買這本書的少數有緣人（更多的股友是不看書、不求進步的），我不會怕您學去。

三、當年我愛下棋，是因有幾分把握可以贏棋，所以只喜歡需要思考的「明棋」。於是，特別不喜歡同學邀玩的「暗棋」，因為覺得那都是靠運氣的，一翻兩瞪眼，完全不靠技術，沒意思。

如今，喜歡股市操盤，也是因為這是一種有技術的、有勝算的遊戲，而不像很多不懂股票的人，視股票如洪水猛獸，認為是一種賭博。

其實，他們完全不知道其中的樂趣、其中所包含的智慧啊！

實戰解析之一
先買後賣，連宇花開花落

筆者在本書Chapter05，談到當沖量價關係的準備功夫時，作過「連宇」（代號：2482）這檔股票的研究分析。

「凡事豫則立，不豫則廢。」

有了充足的準備與了解，在應對「連宇」時，心中便相當篤定。

2009年10月6日（星期二），筆者就以「連宇」為當沖的標的物，試做一次當沖。

上午10時25分，買五張融資。買價：32.2元。

上午11時58分，賣五張融券。賣價：33.7元。

買五張融資，賣五張融券，兩者張數一樣，可以沖抵，且因賣價高於買價，屬於賺錢的交易。這便是一次成功的當沖。

請看「連宇」這檔股票當天的走勢圖：

圖7-1 連宇的「分時走勢圖」。

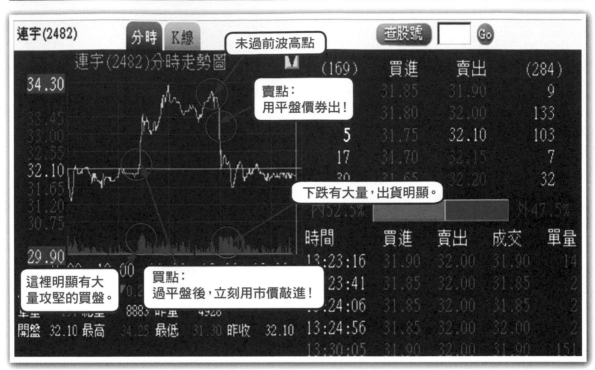

圖片來源：作者提供

【贏家思維】

一、選定「連宇」這檔股票以後，要有這樣的觀念：當天不見得非玩當沖不可。因為有時前一天你看來主力很有「野心」的股票，它隔天卻平靜無波，明顯可以得知主力在洗盤、清除浮額，逼那些因股價不動而顯得不耐煩的股友把股票先行賣掉，將來主力在拉抬的過程中，才不會有賣壓。

所以，碰到這種「假死」狀態的股票，還有什麼當沖好玩的呢？如果真的出現這種情況，這檔股票當天當然就只好放棄，改天再玩。

二、在開盤之前，先檢查一下連宇能否融資融券？（不見得每天都可以融資融券，有時會碰到股東會什麼的）結果：可以融資融券。

圖7-2 「連宇」當時的資券交易情況。

日期	融資					融券					資券相抵數(張)	備註
	資買	資賣	資現償	資餘	資增	券賣	券買	券現償	券餘	券增		
2009/10/06	2610	2151	0	6795	459	313	103	0	772	210	2168	A
2009/10/05	1606	1666	0	6336	-60	79	185	1	562	-107	822	A
2009/10/02	1934	1882	10	6396	42	539	81	0	669	458	2412	A
2009/10/01	101	43	0	6354	58	9	6	0	211	3	0	
2009/09/30	124	105	0	6296	19	156	0	0	208	156	0	
2009/09/29	390	219	0	6277	171	8	0	0	52	8	0	
2009/09/28	681	499	0	6106	182	14	0	0	44	14	19	
2009/09/25	597	208	0	5924	389	8	0	0	30	8	40	
2009/09/24	60	80	0	5535	-20	0	0	0	22	0	0	
2009/09/23	107	179	0	5555	-72	0	1	0	22	-1	0	

圖片來源：券商網站

三、再看看融資成數，以及自己的現金餘額，以利精準地運用與調度資金。

結果：融資自備款只要股價的四成。融券則需要九成的自備款資金。

四、盤中買賣時機的選擇與理由，均已寫在圖上了，不再重覆。

圖7-3 「連宇」當時的信用交易情況。

2482連宇	個股代碼/名稱:		查詢
股價 重大行事曆 警示資訊			
市場別	集中	交易狀況	正常
主管機關警示	正常	撮合作業	正常
單筆預繳單位	0	累計預繳單位	0
融資買進交易	正常	融券賣出交易	正常
融資賣出交易	正常	融券買回交易	正常
融資成數	60%	融券成數	90%

圖片來源：券商網站

148

實戰解析之二
先買後賣，中橡奮力一搏

　　中橡（代號；2104）這檔股票，雖與正新、泰豐一樣是橡膠類股，但是卻是屬於台泥集團的個股，其產業跨越油電混合車、生技、西藥、碳煙等領域，業務範圍非常廣泛。基本上，它不是一支有飆股血統的黑馬股。但是，偶而會有大戶喜歡玩玩當沖。根據筆者的研究，大戶玩它，也不是天天玩的，而是看它籌碼安定以後才偶而來個教人措手不及的當沖。而且拉上漲停板之後，就會視情況調節股票。所以，玩它的人，手腳要快！

　　能源危機的日益加劇，中國大陸石油消耗和進口量不斷攀升，發展電動車的呼聲迅速升溫，不少知名的整車廠商都已宣布將盡速推出自有的電動車產品，顯示電動車的時代已經來臨。而中橡多年前就陸續買進能元，2007年第三季底更以參與私募方式持有8.5萬張，累計持股能元超過六成。這是中橡的公司營業背景。

　　在筆者2009年10月7日介入這支股票玩當沖的時候，中橡前一天有923張、8天前有2599張、12天前有1753張當沖的額子，其餘多是小量。可見得大戶是偶而

玩玩。而且很明顯的，主要是來自外資的當沖交易。筆者的買賣交易如下：

上午11時41分，買十張融資。買價：35.35元。

上午12時13分，賣十張融券。賣價：36.3元（漲停板）。

買十張融資，賣十張融券，兩者張數一樣，可以沖抵，且因賣價高於買價，屬於賺錢的交易。這又是一次成功的當沖。

請看「中橡」這檔股票當天的走勢圖：

圖7-4 「中橡」的信分時走勢圖。

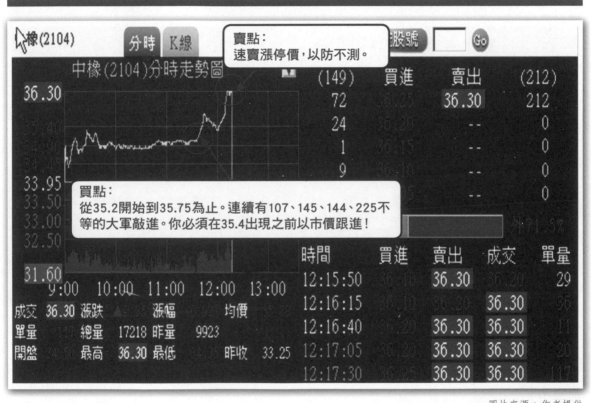

【贏家思維】

一、早盤一開始，筆者就注意到它的量有放大的趨向，尤其不時有單筆的大

單出現，非常搶眼。同時，在類股方面的觀察，外資前一天對中橡已先買進3672張。投信也買了470張，自營商則買進202張，似乎一片看好。不過，投信另有所愛，前一天買超第一名卻是泰豐，買超7424張；買超第19名是正新，買超1309張。

二、2009年10月7日當天，很快的，中橡的強大買盤在短短半個小時之內，用兩波的攻堅行動，就把股價推升到了35.3的高點（漲幅已近4％），筆者正在慨嘆「已經沒有肉了」的時候，中橡卻開始下殺了，然而筆者又發現，它跌到34.85的時候就量縮價穩，持續撐在那裡，不再有大單進攻，股價也未再下挫，接著，開始進行了一段盤整而又平穩的走勢。經過細細觀察，它後來的「股票箱」底部，又微微站上了34.9元。筆者耐心地繼續觀察它。

三、上午11時37分，連續四筆買盤之後，突然出現107、145、144張的較大買單。這樣的大單雖然不能說太大，但在持續平靜的量縮之後出現，便不可小覷。筆者當機立斷，立刻以市價（就是漲停板價格）跟進，在11時41分以35.35元價位融資買到10張中橡。

四、將近中午12時才買到的股票，既是採取「先買後賣」的策略，還要當天軋掉，自然是很需要快手快腳，才能成功的。確認買到之後，筆者便立刻準備閃電賣出。

五、主力果然不是吳下阿蒙！他真是快手快腳的大戶，才兩波的功夫、半個小時的時間，就把股價推上了漲停板。筆者一看，見獵心喜，但是，俗語說「拉得快、逃得也快」，為了謹防不測，立刻以平盤價融券賣出！果然，在12時13分賣到漲停板的價格。成功了！

六、中橡在筆者賣出後不久，果如所說，漲停板又立刻被大單打開了，不過到了收尾卻又拉上漲停板。然而，筆者並不懊悔，因為當沖的好處就是「今日事、今日畢」，不必跟股票談戀愛，明天會繼續上漲或趨軟下跌，都跟我無關了。不需煩惱，不是很好嗎？

實戰解析之三
先賣後買，正新暗藏玄機

筆者在2009年10月7日，除了作多中橡之外，還同時作空「正新」（代號：2105），這是不是有所矛盾呢？

完全沒有！

筆者一早，就打算空「正新」，但可不是長空，也不是中空或短空，而是極短空——說白了，就是準備來一個「先賣後買」的當沖行動！

為什麼說「正新」是我的作空標的物呢？

因為這一檔股票，筆者本來就有所了解；前一天還做過功課，認定它需要休息一下了。前幾天，筆者原本對這一檔股票都是作多的。但是，2009年10月6日，筆者卻發現它短線轉弱了，而且收盤還下殺，所以我認定它在10月7日必然有下跌的空間。

台灣的股市很奇怪，環境大壞的時候，似乎喜歡「力爭上游」；股市大好的時候，卻常「樂極生悲」。大盤下跌，當沖作多，很容易賺錢；可是，如果大盤開

高，當沖卻不適合作多。因為很多股票常常在急拉之後就沒力了、變冷靜了，形如拋物線下墜。所以必須有「危機意識」。

但是，有「危機意識」沒用的，那是消極的，當台股開高盤時（常常因全球都漲，才跟著開高），當沖不如直接作空，那才是積極的。10月7日這一天大盤就是開高，因此筆者開盤就以一張試盤融券賣出。

這一天，筆者在「正新」的買賣交易如下：

上午9時1分，賣一張融券。賣價：69.6元（當天最高價）。

下午1時8分，買一張融資。買價：67元。

賣一張融券，買一張融資，兩者張數一樣，可以沖抵，且因賣價高於買價，屬於賺錢的交易。這也是一次成功的當沖。

請看「正新」這檔股票當天的走勢圖：

圖7-5 「正新」的信分時走勢圖。

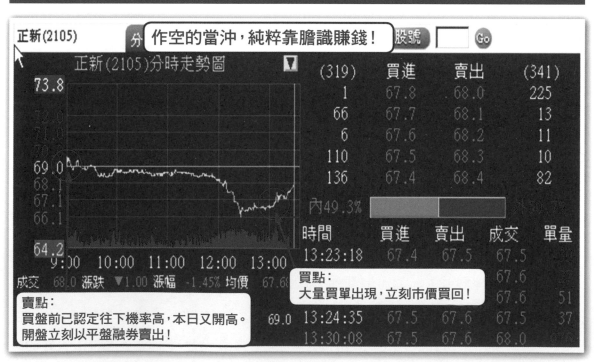

圖片來源：作者提供

【贏家思維】

一、早盤一開始，筆者就毫不猶豫地扔出一張平盤價格賣出的融券單子。然後準備在它衝高時加碼放空。沒想到，筆者在9時1分，以69.6元賣到一張融券時，因為剛好迎上一筆154張的大買單，所以這成了當天的最高價。此後，正新的走勢就完全如我前一天研究結果預期的往下掉了。後來，當我去觀察同一類股的泰豐、中橡時，它都沒有起色，一直往下掉。所以，我再也沒有機會加碼放空了（平盤以上才能放空）。因此當天只玩了一張「正新」的當沖。

二、我為什麼認定10月7日必然會有低檔，因為前一天尾盤它的意願（主力的思維）已告訴我，它要往下休息了。但是，它又不是很弱，所以才有一點點的平盤上的機會（這要拜全球股市大漲之賜）。

三、有人說「作空賺得快」，依筆者的見解，這是因為「破窗理論」是人性之一。 什麼叫「破窗理論」呢？就是：當兩輛外形完全相同的汽車停放在相同的環境裏，其中一輛車的引擎蓋和車窗都是打開的，另一輛則封閉如常，原樣保持不動。打開的那輛車在3天之內就被人破壞得面目全非，而另一輛車則完好無損。這時候，實驗人員在剩下的這輛車的窗戶上打了一個洞，只一天功夫，車上所有的窗戶都被人打破，內部的東西也全部丟失。這就是著名的「破窗理論」。**其結論可以歸結為：當某一股票被人急殺時，大部分人也會跟著盲目急殺以免損失。這就造成股價的更形重跌。因此，這時放空的人差價可以賺得很多。有時，一殺就是跌停板，差價非常可觀。**

四、然而，在10月7日筆者的放空，卻只打算超短空而已，筆者堅信它會再度上來。因此，賣出以後便一直在注意何時該以融資補回來軋掉。以免隔天它一反攻，搞不好就被軋空了！

五、由於筆者一開始就決定以融券賣「正新」，所以特別關注正新。但是，當天我還想以融資買其他的同一類股（橡膠股）。理想中的標的物是泰豐、中橡、南港。其中我發現中橡的企圖心最大，單筆的大買單也最積極，於是我同時也在考量

何時介入中橡較好。可惜我因太注意正新，以致對於中橡在前半場都沒作出決定，所以也錯過了最低價。直到快中午才決定進場買中橡。所幸中橡的當沖也成功了。

六、正新從最高的69.6元下殺到最低價的66.1元，就不再跌了。同時，顯而易見的，已在那個價位打出了一個小底，於是筆者不敢再造次，只要一等大單介入，就準備立刻補回。

七、下午1時7分，271、101、244、582……連續大單敲進，筆者也把早就寫好的融資買單1張用市價買到了。網路下單即時回報，速度是很快的。我補回的價位是67元，跟大戶的買單成本差不多。

實戰解析之四
從氣勢、走勢，看運勢

　　以下是多年前筆者從未發表的一次實戰筆記，寫在這裡，提供參考：

　　日期：2006年11月2日（星期四），現在以我手上有的兩檔股票「廣宇」
（2328）和「長興」（1717）為例，我們來談談股票的氣勢、走勢和運勢：

【基本面】

　　它們的共同特點是：

　　一、兩檔股票都是好股票，不論長短線都值得投資。

　　二、兩檔股票平盤都是53.5元，很方便觀察與比較。

　　廣宇是鴻海家族的成員之一。鴻海在中國佈局已進一步深入武漢和內蒙，加上
鴻海總金額180億元的可轉換公司債即將定價，可望同步創下發行金額、發行面額
和溢價幅度三項歷史新高記錄。鴻海家族其他成員（鴻準、正崴、建漢）獲利也很
不錯。所以股價表現都有連動關係。

至於「長興」，雖然是化工族群中的績優股，但它也是電子零件的廠商。據該公司95年9月內部自行結算，營收約16.30億元，與去年同期15.40億元比較，增加89,951仟元（5.84%）。稅前獲利 331,739仟元，與去年同期 260,642仟元比較，增加71,097仟元（27.28%）。主因係各事業單位及子公司效益顯現所致。95年1-9月累計營收約135.77億元，與去年同期117.13億元比較增加 15.91%，稅前獲利2,227,138仟元，與去年同期1,201,824仟元比較成長85.31%。

圖7-6 「廣宇」與「長興」的走勢圖比較。

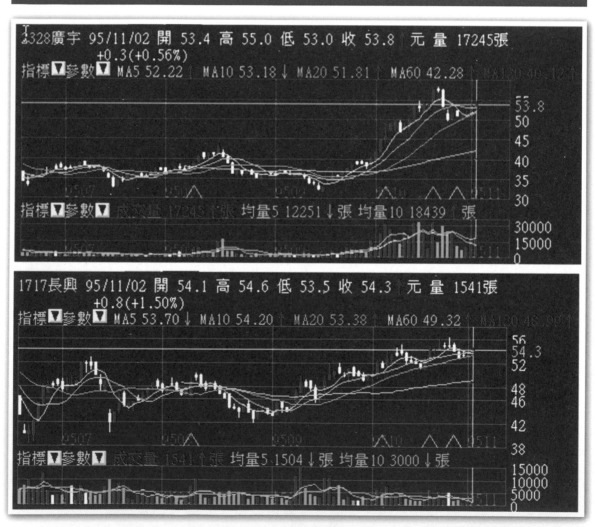

圖片來源：作者提供

【技術面】

談到一檔股票，我們必須看看它的歷史位子，才能知道它站立的位置是否安全。圖7-5是它們的技術線型圖。

股票如果只漲不跌，在上升的過程中就隱藏了危機；只有經過修正、整理的洗盤過後，才沒有後顧之憂。

從這兩檔股票的技術線型圖，我們可以知道，它們都是經歷過一小段的修正，然後重新向高處挑戰。大致上看，是安全的。

【股性】

股性是沒有教科書指導的，惟有靠自己研究、摸索，久而久之，即可揣摩出它的股性來了。我們從它今天的走勢，可以看出：廣宇能漲能跌，股性較為活潑；而長興很少以大量攻堅，屬於平穩的緩攻。兩者之間的量能表現也幾乎相差了十倍。

【從開盤作比較】

「好的開始，是成功的一半。」一檔股票開盤的量價如何，隱約透露出這檔股票今天的氣勢、再觀察盤中的走勢，即可以得知它未來的運勢。

為了便於說明，我把這兩檔股票當天（2006年11月2日）的全部過程先秀出來，如圖7-6。

廣宇開盤的量是26張，股價跌0.2元。而長興開盤的量是51張，股價漲0.6元。

這兩檔股票近期的「量」相差了十倍，可是今天開盤的表現，暗示著廣宇的氣勢不如長興。

接著，再觀察盤中的走勢，可以發現：廣宇每一筆的量能滾動，都比長興大得多，這就造成了它股價表現的活潑性，一拉就拉得很高，一跌就跌得較深；它是順著大盤起浮而變化的。而長興在盤中的走勢就比較沉穩，大盤漲時它不急漲；大盤彎腰時，它卻穩穩地撐住。到了尾盤，才稍為力爭上游。

圖7-7 「廣宇」與「長興」同一天的走勢比較。

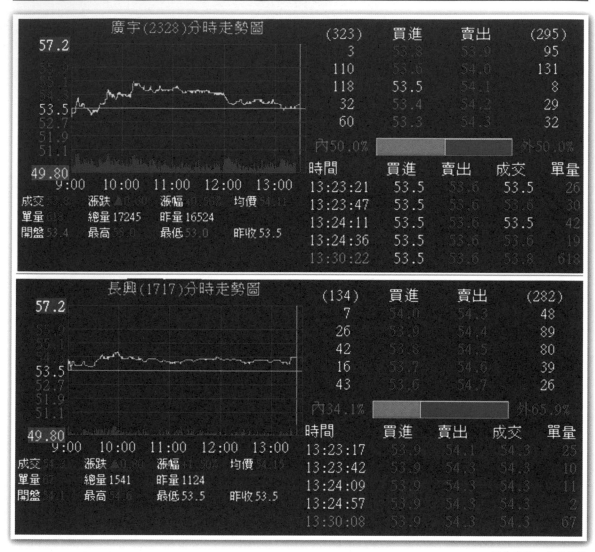

【盤中作出決策】

　　長興因無大筆的買單，來彰顯它今天的企圖心，所以我也靜觀其變，未有任何
動作。

　　但是，廣宇的盤中走勢，加深了我對它開盤軟弱的疑慮，於是在盤中賣出了僅
有的十二張持股。

以下是我在11時27分賣出手上持股12張的成交回報資料，以54.6元成交：

圖7-8　作者當年的成交回報資料。

| 11/02 11:27:44 | X0149 | [2328] 廣宇 | 融資賣出 | 54.60 | 12張 | ----- | 12張 | 委託成功 | |

廣宇這天的最高價是55元。但是，賣在這個價位的人並不高明，因為當時鴻海家族的股票都在大漲中，廣宇的股價也可能繼續上升。

但是，誰能預測廣宇會在55元這個價位彎下來呢？

會賣在55元這個價位的，不是主力，就是運氣！主力用大錢砸下來，線型自然會彎下來；散戶如果賣在這個價位，那只是巧合，而非技術。

我的觀察是：廣宇是被鴻海家族的股票帶動上攻的，尤其是受到衝上漲停的「建漢」（3062）的激勵，一直拉到55元，廣宇盤中就因為「建漢」打開漲停而跟著轉弱了。

圖7-9　「廣宇」的分時走勢圖之說明。

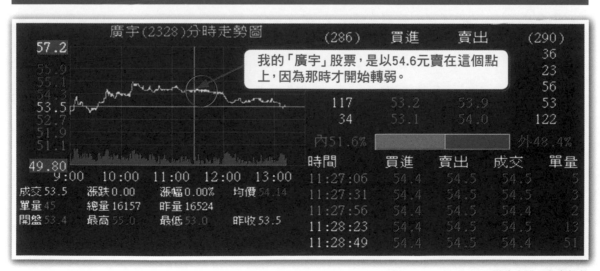

圖片來源：作者提供

通常股價連拉三波之後，長時間未再突破，就是一個警訊。

於是，我在廣宇轉弱不久，就及時出掉手上的股票。果然，股價過了中午之後就下挫了。

做當沖的人，在平盤附近就該把廣宇接回來了。但我那時做的都是「波段操作」，只是為了減少持股，才把獲利已滿足的股票出清，並未接回來。

贏家的法則是，你對股票的走勢要有預測能力，才有所謂的決策能力。

但不要迷信你的能力。

因為股價有「測不準定律」，足以跌破你的眼鏡。

【結論】

從廣宇的技術線型位置，我認為它當時仍將繼續上攻，尤其看它最後一盤（有大單買進），可知多頭趨勢並未改變，次日仍可能開高。

至於長興，我的態度是「續抱」。

因為它在大盤漲時跟著漲，大盤跌時並未重挫。盤中在53.9～54元守得很穩，尾盤力爭上游。可以看出這一檔股票已初露曙光，可以預期未來有更高價可賣。

就當沖的觀點來看，我的廣宇賣對了，可是後來的演變，我發現活潑的股性還是遠勝於平穩的股性，於是不久我就把廣宇買回而放棄長興了。

因為廣宇的股價長期下來，把長興拋後很遠、很遠去了。後來曾經有一度再進行比較，廣宇的價位是53.5元，長興則是32元。

如今，筆者再把它們並列比較，這兩檔股票的價格又很接近了。

長興甚至小幅超越廣宇。

不過，筆者仍然認為：不論長線、短線，不論業績好壞，我們最好還選擇有活潑股性的個股來玩吧！

圖7-10　廣宇的日線圖。

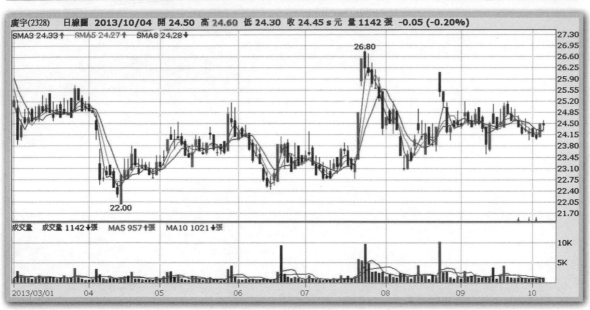

圖7-11　長興的日線圖。

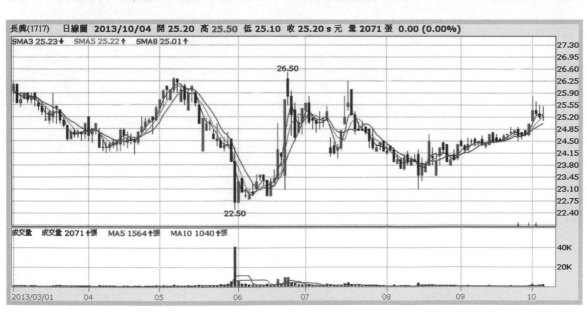

CHAPTER

8

背起來／
18個買點
＋16個賣點

就像數學很厲害的同學，
遇到關鍵公式還是要背下來，
並反複練習到熟練才能有好成績。
你是好學生嗎？
多看股價圖多練習就能速速進步。

避開盲點
善用技術分析

介入股市的投資人，沒有不想在股市中以最短的時間，獲取最大的利潤。

當沖，帶給躍躍欲試者一線希望。

但是如果不懂得在盤中掌握買賣點，即使有滿腹經綸，有時也會一時失手，鑄成大錯。尤其是本來賺錢機會很大的行情，只因猶豫過久，而失去了買點（股價已經衝高，無低價可撿）；或想多賺一點差價，結果因為一再等待、等待，而延誤了賣點（股價已經下跌，沒有高價可賣），這也不會有好結果的。

所以，要想在股市中成為贏家，必須先了解何時可買進，充分買進之時機及買點。

對於當沖的人來說，最重視的當然是技術分析，但是必須切記，它也有如下的盲點：

第一、技術分析的基本前提是「過去的歷史一定會重演」，但是否真的會重演嗎？未必！就如同一個人開車，不看前面的道路，只瞪著後照鏡，注意後面道路的

路況，就光憑這個就勇敢地向前開車，試想這樣開車，要不發生車禍的機率是非常低的。

對不對？

所以，股友們如果只利用技術分析作當沖，要能夠不虧錢的機率是很低的！

換句話說，即使您很努力學習技術分析，但通常僅供參考，千萬別執著！

第二、技術分析不管平均線、RSI、KD、MACD等等，都算是落後指標！

因為投資人如果能掌握先行指標，獲勝機率高；掌握同時指標，獲勝機率就沒那麼高；若掌握的是落後指標，則獲勝機率就很低了！

依筆者的見解，股市經驗以及對股性的了解，恐怕更重要。

第三、**股市中的主力對所有的技術分析也非常熟悉，而他們因擁有大量的資金與股票，所以能把行情的發展「做出」各種陷阱，讓只迷信技術分析的投資人，勇敢地跳進去！**

在技術分析的工具中，唯有價量分析是主力無法耍詐的地方，因為主力的進出，都不得不清楚地顯現、曝光。

所以價量分析，就有如照妖鏡，使主力及其外圍者無所遁形，這也是筆者最重視的。

第四、許多技術分析在大行情中，常常讓投資人迷失！

例如善用KD指標的高手，常常死在大行情！

KD指標於大多頭中，不斷提醒投資人，市場已超買；於大空頭中，不斷提醒投資人，市場已超賣，結果KD鈍化，相信KD指標的人，有許多因而陣亡！

有些一等一的股市真正贏家一旦碰上大行情，反而個個賺得口袋飽飽的，這些真正贏家絕不會因KD鈍化而害怕，反而憑其經驗致勝。

股價圖買賣點 1
18個好買點

買進的14個時間點

買進最佳時機 1 **連跌已久、量價大漲時買進：**

　　股價已連續下跌3日以上，跌幅已逐漸縮小，且成交量也縮到底，若突然量變大且價漲時表示有大戶進場吃貨。宜速買進。

　　圖8-1的千興（代號：2025），在10月7日在盤中見暴量即是買點。

千興（代號：2025）10月1日到10月8日的價格、成交量記錄。

	收盤	漲跌幅	成交量	備註
10月1日	5.9元	-1.17%	775	連跌三天，跌幅逐漸縮小，成交量也已縮到底了
10月2日	5.8元	-1.69%	1,100	
10月5日	5.79元	-0.17%	674	
10月6日	5.8元	+0.17%	714	價穩量縮
10月7日	6.2元	+6.9%	6,214	暴量上攻
10月8日	6.63元	+6.94%	19,635	再暴量上攻

圖8-1

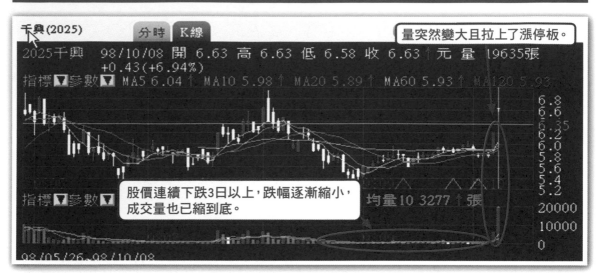

圖片來源：作者提供

買進最佳時機 2 跌勢轉為漲勢、價漲量增時買進：

由跌勢轉漲勢初期，成交量逐漸放大價漲量增，表示後市看好。宜速買進。

圖8-2

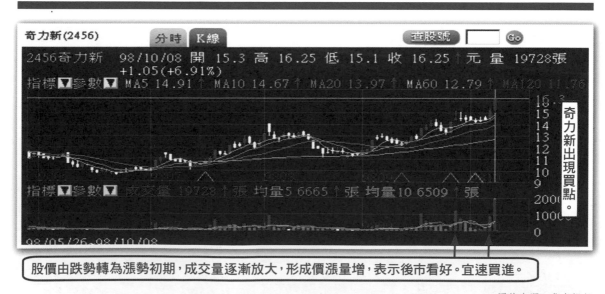

圖片來源：作者提供

圖8-3

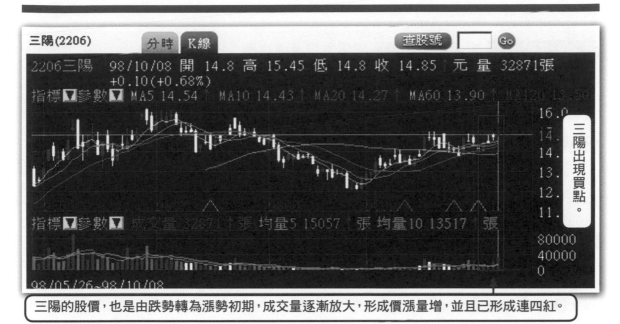

三陽的股價，也是由跌勢轉為漲勢初期，成交量逐漸放大，形成價漲量增，並且已形成連四紅。

買進最佳時機 3 **本益比降至20以下時買進：**

本益比降至20以下時（以年利率5%為準）表示，股價的投資報酬率與存入銀行的報酬相同時，可買進。

買進最佳時機 4 **個股以跌停開盤，漲停收盤時買進：**

個股以跌停開盤，漲停收盤，表示主力拉抬力道極強行情將大反轉應速買進。

買進最佳時機 5 **RSI極小、K線圖出現十字線時買進：**

6日RSI在20以下，且6日RSI大於12日RSI，K線圖出現十字線時表示反轉行情確定，可速買進。

買進最佳時機 6 **短線乖離率已過大時可以買進：**

6日乖離率已降至—3～—5且30日乖離率已降至—10至—15時，代表短線乖離率已大可買進。

買進最佳時機 7 **股價攀升、突破移動平均線時買進：**

移動平均線下降之後，先呈走平趨勢後開始上升，這時股價向上攀升，突破移動平均線便是買點。

買進最佳時機 8 短天期平均線形成黃金交叉時買進：

短天期平均線（3日）向上移動與長天期平均線（6日）向下移動。二者形成黃金交叉時為買進時機。

買進最佳時機 9 股價盤整已久、拉出長紅時買進：

股價在底部盤整一段時日，連續二天出現大長紅時，或3天小紅，或十字線或下影線時代表止跌回升。

買進最佳時機 10 股價出現向上N字型或W字型時買進：

在底價圖出現向上N字型之股價走勢及W字型的股價走勢，便是買進時機。

像緯創（代號：3231）這樣W字型的股票，就是很好的買進時機：

圖8-4

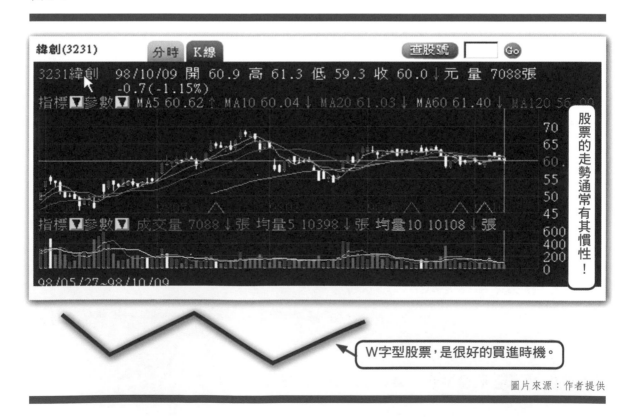

W字型股票，是很好的買進時機。

圖片來源：作者提供

買進最佳時機 11 股價高檔下挫、止跌回升時買進：

股價高檔大幅下跌一般分三波段下跌，止跌回升時便是買進時機。

買進最佳時機 12 有突發利多向上漲破盤局時買進：

股價在箱型盤整一段時間，有突發利多向上漲、突破盤局時，便是買點。

買進最佳時機 13 融資餘額減為天量的一半時買進：

融資餘額減少為天量（1300億）的一半止跌時，代表低檔有限可大膽買進。

買進最佳時機 14 融券餘額增加到天量時買進：

融券餘額增加到天量（20萬張），如有除權前的軋空行情出現，可買進。

盤中買點的4個時間點：

盤中買進最佳時機 1

開高走高，回檔不破開盤時買進：

開高走高，回檔不破開盤時買進（回檔可掛內盤買進），等第二波高點突破第一波高點時加碼跟進（買外盤價）或少量搶進（用漲停價去搶，買到為止），此時二波可直上漲停再回檔，第三波就衝上更高價。

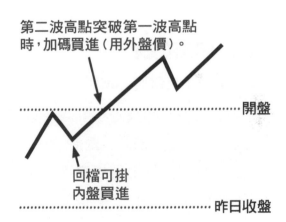

第二波高點突破第一波高點時，加碼買進（用外盤價）。

回檔可掛內盤買進

開盤

昨日收盤

盤中買進最佳時機 2

開低走高、回檔不破頸線時買進：

開低走高，記住最好等翻紅（由跌變漲）超過漲幅1/2時，代表多頭主力介入，此時回檔多半不會再翻黑，若見下不去，即可以昨日收盤價附近掛內盤價買進。

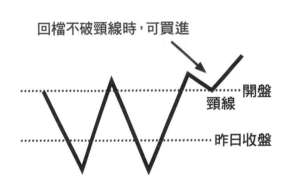

回檔不破頸線時，可買進

開盤
頸線

昨日收盤

底部成型、突破頸線壓力時買進：

無論開高走低或開低走低，只要有底部（W底、三重底、重肩底、圓型底等）成型，逢突破距中點頸線壓力時，代表多頭主力抵抗到護盤成功，開始往上拉抬，這時突破一定量大，千萬別追，待其回檔時，最好不破頸線，才是最佳的買點。如果是開低走低，雖然底部成型，但畢竟算是弱勢，最好等它突破頸線時能翻紅、回檔也不再翻黑時才買進，否則，也有騙線、誘多的可能。

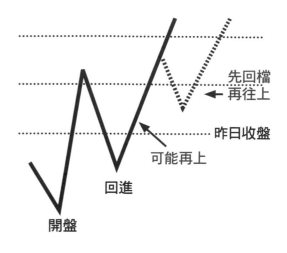

先回檔
再往上
昨日收盤
可能再上
回進
開盤

箱型走勢往上突破時買進：

箱型走勢（開高走平，開平走平，開低走平）往上突破時，跟進。

當日股價走勢出現橫盤時，最好觀望，而橫盤高低有差價大時，則可採「高出低進法」，積少成多獲利。但應特別注意，出現巨量向上突破時，尤其是開高或開平走平，時間又超1/2時，當出現箱型上緣價，賣出變買進時，即可敲外盤買進或搶進。至少有一個原箱型上下價差可賺。而若是開低走平，原則上僅是一弱勢止跌走穩盤，少量價入跟進試試搶反彈，倒不必大量投入。

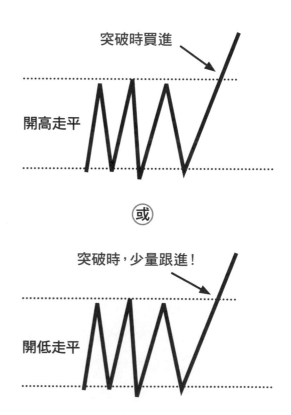

突破時買進
開高走平

或

突破時，少量跟進！
開低走平

股價圖買賣點 2
16個好賣點

當沖交易，看似買低賣高的數字遊戲，其實背後須有堅強的股票操作基礎，才不會在進出之間下錯了棋。亞當理論的啟示：漸強搶進，漸弱殺出，很值得學習。

著名的王爾德所創的「亞當理論」，不是為當沖的人而設的，但對於當沖的人來說，卻有很重要的參考價值。

所謂亞當理論，就是一種順勢操作的理論。當市場處於大多頭時期，千萬不要逆勢作空，除非你有個股的內線消息；當市場處於大空頭時期，也最好順勢作空，除非你發現某一檔個股的走勢超強。

由此可知，市場的脈動，從盤面的變化即可偵知。當沖的交易者，當股市行情走多，即以多單操作應對，行情走空絕不以多單逆勢對抗。

避免過度自信與樂觀，投資人本身的期望不要太高，一切以盤勢為依歸，順勢而為，才能在變局時慌了手腳。

現在，將賣出股票的信號分析如下：

賣出的12個時間點

經三波大漲後無法再創新高時，賣出

依艾略特波段理論分析，股價自低檔開始大幅上漲，以上漲波次數來算，若有通常是上漲3波段後下跌2波段。

例如第一波由2500上漲至3000，第二波由3000起漲至4000，第三波主升段4000直奔5000，短期目標達成，若至5000點後不上去，無法再創新高時可賣出手中持股。

高檔出現連續數日小紅或小黑時，賣出

在高檔出現連續3─6日小紅或小黑或十字線及上影線，代表高檔向上再追價的意願已不足，久盤必跌。

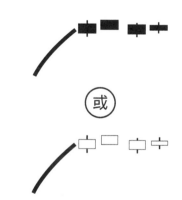

在高檔出現倒N字型或M頭走勢時，賣出

在高檔出現倒N字型的股價走勢及倒W字型（M頭）的股價走勢，大盤將反轉下跌。

賣出最佳時機 4

股價暴漲後無法再創新高價時，賣出

　　股價暴漲後無法再創新高價，雖有二、三次漲跌，大盤有下跌的可能。

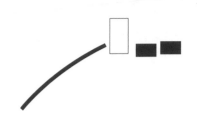

賣出最佳時機 5

股價連續數日跌破上升趨勢線時，賣出

　　股價突破底價支撐平均線之後，若股價連續數日跌破上升趨勢線，代表個股將下跌。

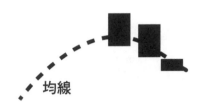

均線

賣出最佳時機 6

高價圈出現連續二日巨量長黑時，賣出

　　高價圈出現連續二日巨量長黑，代表大盤將反多為空，先賣出手中持股。

巨量

賣出最佳時機 7

久盤不漲且下跌時，賣出

　　股價在經過某一波段之下跌之後，進入盤整，若久盤不漲且下跌時，可速出脫手中持股。

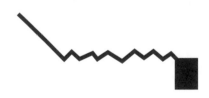

賣出最佳時機 8

上升高檔，融資餘額也太高時，賣出

　　股價在高檔持續上升，當融資餘額已達1200億以上，代表信用太過擴張應先賣出。

股價

融資

短天期均線下跌形成死亡交叉時，賣出

移動平均線下跌，長天期移動平均線上漲交叉時一般稱為死亡交叉，此時可先殺出手中持股。

RSI已達95以上為超買之行情時，賣出

多頭市場可考慮賣出手中持股。空頭市場時RSI達50左右即應賣出。

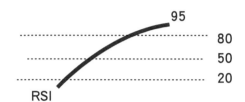

30日、6日乖離率過高時，賣出

30日乖離率已為＋10至＋15時，6日乖離率為＋3～＋5時可代表漲幅已高，可賣出手中持股。

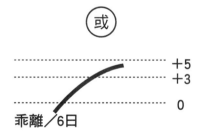

股價高檔不續漲且量放更大時，賣出

股價高檔出現M頭及三尊頭，且股價不漲、成交量放大時，可先賣出手中持股。

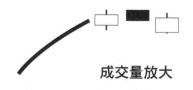

盤中賣點的4個時間點：

盤中賣出最佳時機 1

開低走低、跌破前一波低點時賣出（跌停價殺出）。

　　弱勢股或有實質利空時，開低走低，反彈無法越過開盤，再反轉往下跌破第一波低點時，技術性轉弱，就應趕緊市價殺出，若沒來得及，也得在第二波反彈時，再無法越過高值，又反轉向下時，當機立斷下賣單。

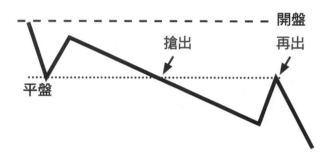

盤中賣出最佳時機 2

開高走低，二波反彈無法越過高值A，反轉至B點賣出。

　　開高走低，二波反彈無法越過高值A，反轉至B點賣出。跌至C點時，跌破前波低值，則加碼賣出。如下圖B點尚是反彈翻紅，有時開高走低翻黑後，跌幅擴大，此時反彈多無法翻紅，（多半在平盤附近就反轉向下），此刻更顯弱勢，更應當賣出。而本圖中的B點反倒成為選擇放空的好時機了。

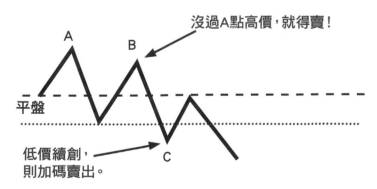

頭部成型跌破頸線A點支撐時，B點時賣出。

　　如果此刻不賣，應也趁跌破型態，產生拉回效果，反彈至C點上攻無效時，再反轉向下，趕緊作賣。尤其當C點在昨天收盤價之上時，或可少量放空，待低檔再補回。M頭型是右峰D較左峰E為低，是屬於「拉高出貨」型，有時右峰也可能形成較左峰為高的「誘多」型，然後再反轉而下，跌得更凶。至於其他的頭型，如重肩頂、三重頂、圓型頂，也都一樣，只要跌破頸線支撐，都要趕快出掉持，以免虧損擴大。

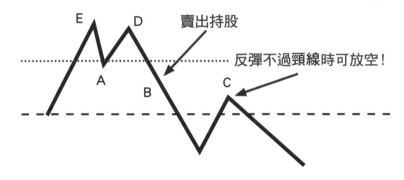

箱型走勢往下跌破時殺出。無論其為開高走平、開平走平，甚至為開低走平，呈現箱型高低震盪時，在盤上可採「低進多，高出少」的策略。若是在盤下則宜改採「低進少，高出多」的策略應對。但是一旦箱型下緣支撐價失守時，就應毫不猶豫地殺光持股，若此刻下不了手，在盤上之箱型跌破後，多少還會產生拉回效果，而此刻反彈仍過不了原箱型下緣，代表弱勢再度反轉向下就成逃命點。

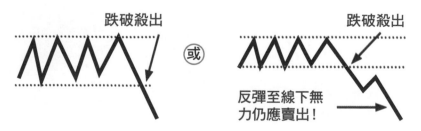

CHAPTER 9

進階班／
隔日沖實例示範

能抓到老鼠的就是好貓！
不管當沖時用什麼絕招，
結果能賺錢的就是好招！
隔日沖，
就是當沖之外的那一招。

當沖變奏曲 1
上半場、下半場與隔日場

　　記得我讀大一的時候，教「中國通史」的陳教授一上講台就告訴我們說：

　　「各位同學，年輕是最寶貴的本錢，希望你們把握大好時光，專心唸書，不要像我一樣，大學時代『由你玩四年』（University），弄得現在是『書到用時方恨少』。真是後悔莫及啊！」

　　第二天上「哲學概論」時，張教授語重心長地跟我們說：

　　「同學們，青春是最可貴的，能玩就儘量玩吧！不要一天到晚死讀書，像我一樣，現在想玩也來不及了！」

　　下課後，大家討論兩位教授孰是孰非，來自南投的武光良說：

　　「反正他們兩個人走不同的路，最後結果都是當教授嘛，能玩就儘量玩吧！」

　　這個故事用在股市也很恰當。

　　不管黑貓白貓，能抓到老鼠的就是好貓！也就是說，不管你當沖時用什麼絕招，到最後的結果能賺錢的就是好招！

這裡要說的一個概念就是：

台灣股市目前每天從開盤到收盤的時間是四個小時半（上午九時～下午一時半，中間不休息）。我們把它一分為二，上半場就是上午九時～十一時十五分。下半場就是上午十一時十六分～下午一時半。

您在這兩個半場裡，較重視哪半場呢？

我告訴你，我比較重視前半場。

不管作多還是作空，我覺得一開場最重要。有時一個決策勝負，就在幾分鐘內見分曉！

這就好像「天下第一劍」要和「無敵劍客」對決一樣，兩人握著寶劍互瞄了半天，然後，「呀～」的一聲，兩人都衝向對方，康噹幾聲刀劍撞擊，然後停住了，接著就有一方倒下了。

就是這麼快！

如果你不能在前半場就把當沖的計畫搞定的話，過了中午十二時，就很難贏了。因為變數太多了。

但是，無獨有偶的，我有一位朋友，他也有一個絕招，那就是專攻後半場的行情。

就像在下棋似的，前半場他都在觀察與長考，而不落子。可是，到了尾盤，他就選中了強勢股，先買下來，卻不賣出，而是期待次日能賣個更高價；或者選中弱勢股，先放個短空，次日一跌，立刻補回來。

這就是所謂的「隔日沖」！

當沖變奏曲 2
什麼是隔日沖

　　極短線操作，並不只包括當日沖銷，還包括了「隔日沖」，也就是隔日買賣。

　　早年政府禁止「當日沖銷」時，市場上即有人以「隔日沖」的方式在玩著沖銷的遊戲。當時它的作法是，投資人先在第一天買進某一檔個股若干張，然後在第二天以同樣的張數賣出該檔股票，以便軋掉其金額。問題是，投資人第一天買進的股票，第二天要辦交割，第三天必須入帳。如果事先不準備這麼一筆錢，第三天如何入帳？關鍵就在：第二天投資人所賣出的股票價金，第四天可以拿到錢。

　　這一進一出之間，本來是有一天的差距、無法互相沖抵的。但是，部分與證券商較熟的丙種金主，因為與該號子關係較密切，乃就地利之便，願意在能掌握投資人賣出股票後第三天可得的交割股款（支票）的情形下，事先為該投資人墊付一天的「應繳付支票款項」，待第四天再取回自己所墊付的錢（要求號子把第三天的支票開成兩張，一張是丙種金主所墊付的金額，另一張為投資人扣除手續費及交易稅後可得的差價）。在這樣的過程中，投資人便可不出本錢地達到「隔日沖」的效

果；而丙種金主則取得投資人大約萬分之七的「借券費」。隔日沖的妙處就是：把希望寄託在明天。不論當沖或隔日沖，都是一種極短線的做法。它們的共同特徵就是：有賺就賣，犧牲了利潤的空間，畢竟大多頭時期股票抱得久，賺得多；但也大幅降低持股的風險，因為………誰知道後天會不會崩盤？隔日沖，指的是：今天買明天賣。持股不超過兩天。

最理想的隔日沖，是在尾盤時，某一檔個股突然放量上攻，而你一發現就立刻以市價（漲停板的價位）敲進。當你買到之後，這檔股票過不了幾分鐘就亮燈漲停，同時外盤漲停掛進、買不到股票的數量多達幾萬張。直到收盤，這檔股票一直沒再出量（造成惜售的現象）。在這種情況下，次日這檔股票通常會以高盤開出。投資人可以很容易找到高點賣出。由於第一天買價加上手續費、交易稅等必要的開支，還不到漲停板的位置，所以隔天在開盤之後，怎麼說也是賺錢的。何況照它的氣勢來看，隔一天是不可能開在盤下的。所以這種隔日沖，無虞可以保證獲利。

圖9-1

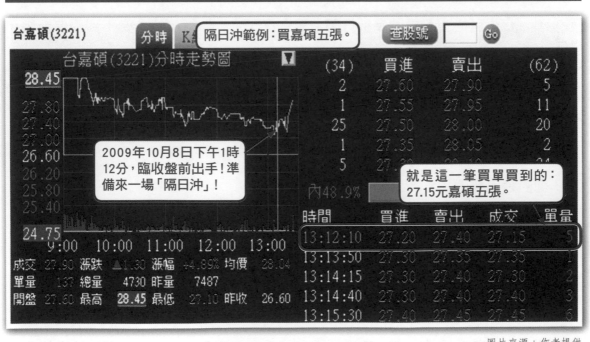

圖片來源：作者提供

另外一種典型的「隔日沖」，是買在下午一時廿五～廿九分，而於隔一天上午九時零一分開盤有了差價利潤，立刻賣出。

在這個時間點買進的股票，因為買到的都一樣是「收盤價」，最大的好處就是可以規避當天的風險，確保自己當天不賠。（但次日還必須加計手續費和交易稅賣出，才算真正賺錢。）雖然，隔日的賣點不見得是在開盤，因為開盤之後變數很多，是賺是賠不容易掌握，但開盤畢竟是「隔日沖」必須優先考慮的一個好賣點。

面對開盤，這四種情形都該賣：

一、如果開盤開得很高，且與買價有了差價，而且價差大於交易稅和手續費，通常開盤價就是一個理想的賣點。

二、若買的股票沒辦法一開盤就是高價，甚至是跌的，意味著今天有問題，至少是獲利回吐的賣壓沉重。所以，夠聰明的話，就應該等盤中反彈時毅然賣掉。

三、萬一它一直找不到好的賣點，認賠也應殺出。

四、若你前一天買到的是漲停板價位，今天這檔股票開盤就跳空漲停，還是應該賣掉，因為真正的強勢股是不會在前一天收盤還能讓你臨時買到。（事先掛排的例外）。它很可能在盤中就會被打開。等它打開時，你很可能會賣不到漲停板價。

前面用台嘉碩例子說明「隔日沖」，現在我們來看看它隔一天的走勢吧：

2009年10月9日，我照我一向的理念去做了──隔日沖，如果隔天開高，立刻賣。事實上，說白一點，我的做法，根本就是開盤前看全球都漲的話，我就在上午九時之前就預先掛平盤賣出！

細節是這樣的：

一、10月8日尾盤，我買的是台嘉碩五張，價位是27.15元，它的交易本錢是：27.15元×1.007=27.34元，也就是至少要賣27.35元，才不會賠錢，是吧？那麼，我隔天一早就掛平盤賣出，即使真的只賣到平盤（27.9元）也是賺錢的。

二、我為什麼有信心賣在平盤上。因為在開盤之前，就可以從各種數據得知，全球都大漲。基於經驗法則，曉得台股必然開高再打下來，這似乎是慣性定律了。

三、掛平盤的條件是你前一天買的股價加上手續費、交易稅等的本錢，必須低於平盤價。這樣才能確保獲利。其次，掛平盤價的好處，就是你可能在前半場賣到最高價！這種事，玩多了就知道。我就有很多切身經驗。

四、開高就賣，至少立於不敗之地。筆者賣到第一筆，也就是開盤價28.2元，距離本錢27.35元（含股價加上手續費、交易稅等），已經賺錢了。

萬一續漲，怎麼辦？

那就不必嫉妒別人賺錢吧！根據筆者的經驗法則，台股是喜歡「開高走低拉尾盤」的。跌下來有差價的時候，你賣出去收回的那筆資金，當然可以在低檔時再買回來！

圖9-2

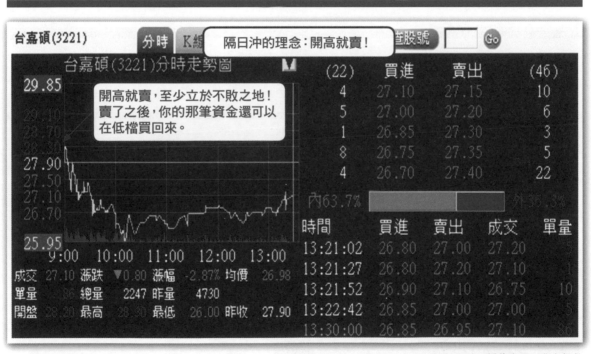

圖片來源：作者提供

我們來看看2009年10月9日這一天，台嘉碩的走勢吧！

它在平盤上只有九筆交易的機會。請看圖9-3中右下角的時間和交易紀錄。

圖9-3

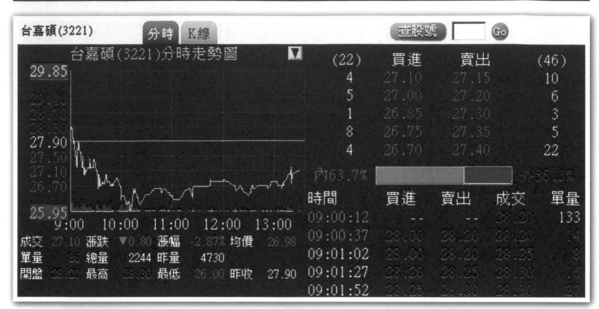

圖片來源：作者提供

圖9-4

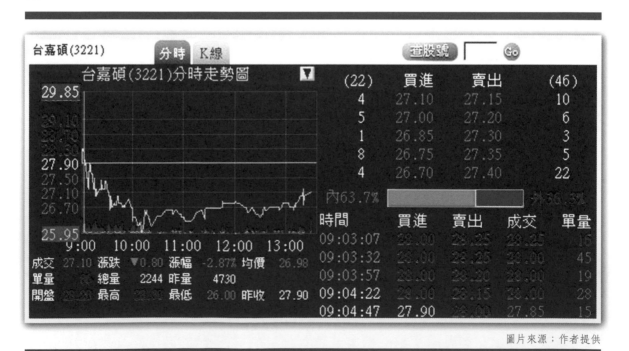

圖片來源：作者提供

當沖變奏曲 3
不要搶跌停板的股票！

　　另外，在做「隔日沖」時，要記得不要搶跌停板的股票！

　　沒有錯，一檔股票跌久了，自然會漲。但是，如果我們已經有絕好的技術操盤，上千支的股票可以另外選股賺錢，何必去冒這個險，您說是吧？

　　「撿便宜」同時幻想隔天「有賺就賣」的人，常常會失望的。大約是十幾年前吧，記得有一檔股票，主力和散戶鬥法。那位新興主力非常年輕，衝力十足。有一次他突發奇想，打算來一個「狠」的，每天把股價打到跌停板。第一天沒太多散戶跟單，不料他隔天又把股票拉到漲停板。但是，收盤時，他又把股票打到跌停板。

　　這時，有人躍躍欲試了。

　　他照第一天的習慣，次日又把股票拉漲停——不過，是跳空漲停哦！

　　當人氣聚集之後，他開始換成收盤「做成」漲停板了，可是隔天開盤卻是跌停板！

　　開盤跌停板，卻吸引了不少想要投機的人跟單——搶買跌停板。因為預期收盤

會變成漲停板。由於這樣循環演出，真是把投資人看傻了。

不過，散戶的幻想後來破滅了。因為股價到了一定高度，主力就不玩了，他悄悄、無預警地撤走了所有的資金。股價一瀉千里，久久未見回復，套牢了一缸子的散戶！

不論是哪一檔股票，當它被打到跌停板時，如果預知這一檔股票有上揚的理由或力道，而妄圖在跌停板鎖死時，採取投機的「先買後賣」的隔日沖操作法，便是極其危險的行徑，應為智者所不取。萬一被套牢，當然有一天也會上漲，但是我們實在沒那麼多錢跟他耗！

在台灣，當沖有當沖的遊戲規則，那便是「平盤下不得放空」。所以，當某一檔股票跌停板鎖死時，即使你覺得有可能打開跌停板，也不宜隨意存有作「先買後賣」式的當沖念頭。買進這檔股票當作基本持股是可以的，但存心當沖，恐怕會自食「思慮不周」的惡果。

從另一個角度來說，如果某一檔股票開盤很強，甚至跳空漲停板，而且一度鎖死，高掛數千張的買單。這也不是「當沖」的合適對象。但隨著大盤行情轉弱，不久這一檔開盤漲停板的個股，終於被打開了。當它的股價隨著下滑的行情也跟著下來，到盤上一定的高度盤旋，直到最後再度收上漲停板。這樣的走勢是很常見的。但是「常見」並不就等於「必然見到」，所以如果在漲停板處先賣後買，或在漲停板打開、下殺後低檔買進，收盤未必一定上到高點，很可能就真的殺到最低點了。

所以，漲跌停一度鎖死的股票，就別存有當沖之心了。

玩當沖，不玩則已，一玩就得十拿九穩才行。

不打沒有把握的仗，是當沖的必勝祕訣之一。

像富堡（代號：8929）這種股票，連續跌三天了，後兩天都是跳空跌停，您以為跌夠了嗎？請記住：「漲勢不言頂，跌勢不言底。」我們實在不敢猜！

我們頂多只是當沖大王，畢竟不是神！

圖9-5

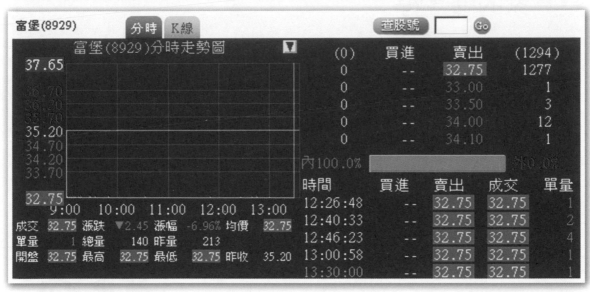

圖9-6

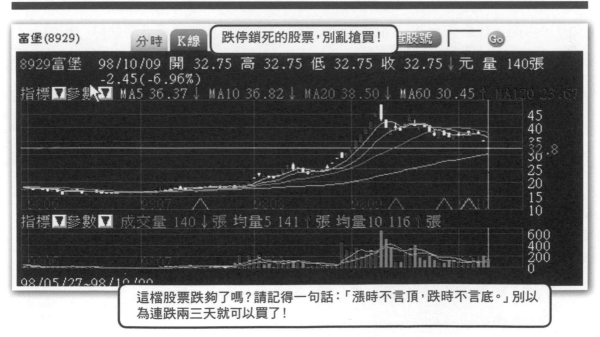

圖片來源：作者提供

189

「自律」
是贏家的護身符

　　股市當沖要玩得好，當然要嚴守紀律。但是，除非高手中的高手，而且有若干成分，否則，操盤的紀律仍應該遵守。因為贏家自有其護身符，那就是「紀律」！

　　邱永漢說：「股票是安全性最高的賭博，不但要有輸得起的氣魄，還要有賴於思考力與忍耐力的結合。」

　　已故股市聞人邱永漢的說法，如果對照「當日沖銷」來說，那更是一種「賭博」了。

　　一般人把當沖客當作賭徒，原因是這種玩法太投機。

　　沒錯，當沖是一種投機的遊戲。在一進一出之間，就決定輸贏。它的確是非常投機的。

　　但是，如果能避開賭徒的心理狀態，當沖客可不是賭徒。

　　當沖客與賭徒的區隔如下：

　　一、當沖是有勝算的，只要懂得某一個股的基本面、技術面、消息面，再摸清

股性，自主性還滿強的；而賭徒卻是「一翻兩瞪眼」的，除了比比運氣之外，誰也毫無把握。

二、當沖的人多半是老手，也多半使用上網看盤，可保持清醒的頭腦與分析能力；賭徒常在歡樂熱鬧的氣氛，失掉戒心與自我控制力。

三、賭徒多有一夜致富的期望，想要以小搏大、一步登天。賭場的設計多半讓你玩得越久越好；而當沖則有種種資金上的規範、交易手續上的限制，同時一天之內也有一定時間的安排，讓當沖客較有所節制。

「不要想以小錢來贏得大錢，而要用大錢來賺取小錢。」這是筆者對當沖交易喜好者的一個最重要的建議。

當沖交易，在筆者看來，至少要有心理面的自我期許：

（一）、當沖不必天天玩，有把握才出手。

（二）、當沖要穩穩的賺，有賺有賠不是高手；寧可小賺，也要每次都贏。

（三）、當沖是積小勝為大勝，絕對不要玩大。玩大，風險大。

（四）、不要把煩惱留給明天，今天全身而退最重要。

（五）、不要把未知留給明天，今日事今日畢，最好當天把股票軋掉。

（六）、「不要跟股票談戀愛」，當沖正好強迫實現這項股市鐵則。

（七）、當沖是速戰速決，見好就收；賭博是老想把錢拗下去，沒完沒了。

（八）、當沖是追求恆財；賭博是追求橫財。

（九）、在股市絕沒有免費的午餐。一定要把「武功」練好，才能保命。

（十）、「自律」是贏家的護身符，資金控管是贏家最重要的守則。

鎖定個股，
盤中勿任意改變心意

　　很多股市的道理，我們都懂，可是臨場表現為什麼卻完全不是這麼回事？這就是由於人性有脆弱的一面。那就是：凡事怕怕。

　　有一句**贏家**操作守則：大跌勇敢買，大漲捨得賣。這說明了贏家都很果決、有膽識。

　　還有一句話說：「股市兩樣寶，好馬加快刀。」這意思就是說，獲利要跑得快，停損要用快刀，這樣操盤才不易被套牢。

　　強化執行力，是一個新手要蛻變成為老手的最大考驗。

　　請看以下的故事：

有一個人天性就愛道聽途說，並且信以為真，他聽說養豬可以發財，於是就花了一筆錢，蓋了豬舍，開始養豬。誰知才沒多久，豬便一頭頭地死去，他很著急地找張三問該怎麼辦。

張三問他：「你餵豬吃什麼？」

那人說：「吃米飯呀，」

張三說：「唉呀！怎麼可以吃米飯，要吃穀子才行。」

那人道了謝，趕忙換了穀子給豬吃。

隔了一個星期，豬又死了一半，那人又找張三，張三問他：「你讓豬喝什麼水？」

那人說：「喝泉水。」

張三說：「唉呀！怎麼可以喝泉水，要喝井水才行。」

那人道了謝，趕忙換了井水給豬喝。又隔了一個星期，豬死得剩下五頭，那人又去找張三。

張三說：「你給豬喝東村的井水，還是西村的井水？」

那人說：「東村的井水。」

張三說：「唉呀！怎麼可以喝東村的井水，要喝西村的才對。」

那人照辦。一個星期後，那人的豬全部死光光，又跑去告訴張三。張三說：「唉呀！怎麼可以全死光了呢？我還有好多忠告都還沒來得及講呢！」

這個故事，其實與我們所熟知的伊索寓言的故事「賣驢的父子」寓意差不多。賣驢的父子，忽而父騎驢，忽而子騎驢，忽而一起騎，怎麼做都不對，都被路人你一句、我一語地諷刺，到最後，完全不知該讓誰騎驢了。結局竟然是：扔掉驢子、雙雙走路回家。

一個沒有主見的當沖客，是很危險的。因為當沖是一種必須立刻決斷否則就會賠錢的操作方式，不像做中、長線投資的人那樣可以從長計議。所以，執行力非常重要。

當然，執行力不夠，有時候是由於缺乏遠見，而不只是因為個性優柔寡斷。

例如，身處在一個大多頭的市場，就應該「看長做短」、「高出低進」，而不要一味地看壞。畢竟大多頭的市場。總有三、四段大的上升行情；上升過程中，難免也有回檔休息的時候，不要看到一個跌停板，就趕快下車。筆者的意思是說，當沖歸當沖，一旦先賣後買、券資相抵之後，如有更低價時，就應即再回補買進作基本持股，以備股價再上漲時，還有賺錢機會。

而在大空頭時期，也不要為了一個漲停板的反彈而做錯了方向。

如果你是在號子裡看盤，更不要被現場的小道消息、對行情波動的激情所影響。凡是你既定的操作計畫，都宜按照原定計畫去做，不要心猿意馬，也別三心兩意。

執行力，對於當沖的人來說，更有一項細節必須強調，那就是：獲利目標不要一改再改。例如某一檔股票，你二十二元買的，原只打算在二十二・九元將它軋掉，不料見到突然連續上攻的大單湧進，就一改再改，最後因改成二十三・九元的高價而沒賣掉。只見那檔股票在連攻兩波之後，突然又呈現出買力衰竭而反轉下滑了。最後，你擠在獲利回吐的賣壓中，竟然只賣到二十二・三元的低價。這種事，不是很常見嗎？

所以，學著強化自己的執行力，有助於改善經常懊悔的壞習慣。

用投機的動作，
作投資的事業

　　股市當沖，是給手腳快的人賺錢的地方。機會是人自己找的，可是看到機會，就得閃電出手，才不會痛失良機。

　　筆者有一位親戚，是一位老師。這位老師突然在股市熱潮時也未可免俗地玩起股票來了。在一個場合中，遇見了他。見他津津樂道地向我談起股票來了。那一年，我已對股票了解很深了，所以好意地告訴他某一檔股票可以買進。之後，我們就很少來往了，因為大家都很忙。我悄悄關注了一下告訴他的股票，果然如我預期的不斷上攻，有很大一波段的漲幅，於是我就放心了。我想，如果他行動力不快的話，也還不至於被套牢。

　　去年，由於親戚的婚喪喜慶事兒，我們又見面了。沒想到他居然問起這檔股票來。真把我嚇一跳！十多年前告訴他的明牌，現在提出來幹嗎？不會還在關注這檔股票吧？我們是不會跟股票談戀愛的，這一檔股票早已被我忘記了。怎麼還問它？在幾千支股票中，莫非他還守在這一檔股票不成？真是令人匪夷所思！

筆者要說，這不是短線客所能理解的事！

做當沖的人，也是要靠平時的經驗，摸出屬於自己的一套方法來。筆者的書只是作為您的參考。你也可以憑個人的努力和經驗，尋找出當沖必勝的祕訣來！

但是，筆者要強調的是，機會是稍縱即逝的。如果深信某一招行得通，就應立刻出招。千萬不要在猶豫中失去先機！

動作一定要快、狠、準！「不要跟股票談戀愛」這句話對於當沖客特別是至理名言，值得牢記。

如果過去的經驗告訴你，某一招是對的，而你又有點擔心，最好的方法就是：牛刀小試！先卡位再說！不試試看，怎麼知道一定失敗？

以最低、最沒有壓力的資金放手一搏，你將發現自己的膽量被訓練出來了。一旦看錯，損失也不大；萬一證明是對的，便可以立刻再加碼，賺取更多的利潤！

根據過去一般當沖失敗者的經驗，最常見的是：總想買到最低價、賣到最高價。結果機會來了，就一直等、一直等，等那最低價或最高價出現。可惜，不迅速做決定的結果，直到眼睜睜地看著機會快失去了，才緊張地以市價追到最高價或賣到最低價！

事後檢討起來，總難免一陣子跺腳，後悔自己為了爭一兩毛差價，而失去大差價。這樣的因小失大，無非更增進了一項操盤經驗，那就是：做當沖一定要反應靈敏、眼明手快，懂得見風轉舵、隨機應變。

克服貪婪心，
才能獲大利

窮人想要有錢，有錢人想要長壽，長壽的人想要子孫滿堂。人的欲望是無窮盡的。松蘇內吉說：「野心是生活的動力，卻也是一切災難的起源。」

當沖的人多半有野心，野心並非壞事。問題是：野心的人多半貪婪，那正是「一切災難的起源」。

華爾街常流傳一個故事：

有一個人到山中捕捉野外的火雞，他忽然看見十隻出現，趕緊設置圍欄，留下一個缺口供火雞進出，聰明的他撒下一些玉米，吸引火雞自投羅網。
這個策略果然奏效，一隻、二隻、三隻、四隻………那一群火雞接二連三都進入了圍欄，數一數，總共是八隻，這時他如果放下柵欄，就會有八隻火雞進帳的豐收。
不過，他忽然又看上了另外在陷阱外面的兩隻火雞，心裡想著，不妨再過

些時候，等這兩隻火雞也一起進來以後，才結束捕捉行動，那麼總共就可以擒獲十隻火雞了。

果然，不久這兩隻火雞也受不了玉米的誘惑進入了圍欄，可是原先在裡面的八隻吃飽了卻跑出圍欄，他的成果從原先的八隻減少到二隻！

他心有不甘地繼續再等下去，想等剛出去的八隻再重回陷阱。

結果，事與願違，花了大半天的工夫，他的捕捉成績是零。因為最後進來的兩隻火雞也跑出去了。

這個故事一定可以帶給喜歡做當沖的人一個啟示：不要太貪心，操作股票獲得一定的利潤後，應見好就收。

要成為當沖高手之前，得先弄清楚「膽識」與「貪婪」兩者的不同，畢竟股市的任何投資決策與行為，都要有一定的標準，決不容許自我放縱，更別妄想予取予求。

這裡還有個故事：

大寶是個大商人，聽說埃及有很多價值連城的古董，便到埃及經商去。

有一天，他牽著小毛驢去趕一個熱鬧的市集。市集上人流如潮，小攤上貨物琳琅滿目，應有盡有。大寶背著手轉來轉去，卻沒有一件東西看得上眼。

忽然，他的視線落在一隻小貓身上。

小貓的主人是一位老人，他正微笑著吆喝賣貓。那隻漂亮的小貓正在有滋有味地吃食，食物裝在一個極粗糙的舊碗裡。

大寶停下腳步，彎腰抱起小貓撫摸，然後漫不經意地端起小碗，給小貓餵食。他見小貓吃得樂滋滋的，便伸出右手不停地轉動小碗。這下子，小貓給逗得「喵嗚喵嗚」樂個不停，邊叫邊圍著小碗轉圈。

大寶微笑著說：「老人家，我想買這隻可愛的小貓，要多少錢？」

老人答道：「三個金幣。」

大寶伸出舌尖咂咂嘴：「哇，這麼貴！不過小貓太討人喜歡了，還是買下吧。」大寶邊說邊摸出了三個金光閃閃的金幣，「這只碗這麼舊，也該換個新的啦。你用不著，這碗就送給我做紀念吧！」

老人一下子站起身來，不慌不忙地收起小碗，並說：「先生，它可是個聚寶盆，我就靠它賣出了好多貓呢。」

大寶心中暗暗叫苦：自己看出小碗是件極寶貴的文物，值很多的錢，才藉口買小貓，想趁機拿走小碗啊，沒想到打錯了如意算盤。

螳螂捕蟬，黃雀在後。賣貓的老人以貓碗作餌，居然讓精明的大寶乖乖上當。

所謂「貪婪是最真實的貧窮，滿足是最真實的財富」、「貪就是貧」、「樹再高也不會長到天上」、「留一點給別人賺」，意思都是勸人要知足。作為一個當沖的高手，總要在狂熱中保持冷靜，在開放中留一點保守的心態，才不會樂極生悲。

筆者有一位朋友，操作股票喜歡玩短線。由於他是個股市老手，行情好時，大膽地利用銀行的「預借現金」來玩股票，居然有一個月戰績驚人，才借得一百萬元的資金卻懂得運用資金槓桿原理以小搏大、以融資方式買進股票，有時一天玩好幾趟當沖，才一個月就淨賺一百萬元！

可惜，他沒有謹守「見好就收」的原則。後來，因為事忙無暇注意股市波動，又很不幸地一連串發生ＳＡＲＳ事件，以及美國攻擊伊拉克事件，股市暴跌，他的股票價值也一落千丈，到最後不但把所賺的錢吐出去，還倒賠了幾十萬元！

本來，他看好金融股該漲了，同時他想，金融重置基金條例，應該會過關才對，何況景氣已這麼壞、失業人口這麼多，在野黨應該不會刁難才是，否則可能會被人說話。於是他賣掉航運股，主攻金融股。

不料，金融重置基金的法案，竟然遭擱置，於是失望性賣壓全出籠了。他買的強勢股反因賣壓沉重，而成了弱勢股，跌得更兇。

　　後來，他「預借現金」該還的資金已到期了，只好被迫「認賠」殺出股票來償還。

　　當他賣掉股票之後，事隔兩個月，金融股又慢慢由低檔回到他買時的價位！他咬牙切齒地說：如果他有錢、用的是自己的資金，就不怕被套牢，自然有機會翻身而不必賠錢的。

　　事後，他檢討地說，「不要借錢來玩股票」是他明知故犯的錯誤。過去，他常常在股票認栽，並不是技術不好，而往往是因為很難克服貪婪的心。因為股票跌夠了，自然上漲；漲太多，就會下跌。股市波動是常有的事。被套牢，並不可怕。也許今天被套牢，一個月以後就解套了，到時再賣就行了。

　　偏偏「借錢來玩股票」的人，心情都很緊張，因為他是隨時都有可能被迫「抽銀根」的，擺不到解套的那一天，就必須「認賠」殺出股票。既然明知這樣的道理，可惜太急切的貪心害了他！

　　游泳高手常常溺斃；股市老手常常沉淪。原因多半是無法見好就收。當沖也是一樣，既有資金準備不夠、作多作空都沒把握時，就應休息，切忌貪婪。即使勉強為之，也要有點差價就應及時出場；一再戀戰，只有死得更慘而已。

　　當沖交易，一定要克服貪婪心，實現獲利比釣大魚重要！

CHAPTER 10

良言錄／
股市金句100

一、當沖作多時，手上要有現金，才有降落傘。

二、當沖作空時，手上要有股票，才有救生圈。

三、股市裡充斥著各色各樣的騙子，成交量是唯一的例外。

四、長線是紙，短線是金。

五、短線靠技術，波段靠心態。

六、做當沖的贏家最懂得一個真理：別跟股票談戀愛！

七、看對一直做，看錯不要做；做對一直看，做錯不要看。

八、短線交易要快準狠，像鯊魚狙擊；長線交易要穩又忍，像龍魚等待。

九、「自律」是贏家的護身符，資金控管是贏家最重要的守則。

十、市場上其實只有一個方向，不是多頭，也不是空頭，而是「對的」方向。

十一、從量價關係掌握主力進出，由技術分析預估動能方向，籌碼會說話。

十二、眾人決定賣出之前賣出；眾人決定買進之前買進。

十三、投資某檔股票前，先觀察三天。

十四、利多不漲，應該趕快拔檔。

十五、強者恆強，弱者恆弱。賣掉弱勢股，保留強勢股。

十六、投機客必須只操作「價值快速變動」的股票。

十七、滑的速度絕對比爬的速度快──因此，不要老是想作多。

十八、買在傳言剛起時；賣在傳言實現後。

十九、價漲量大，顯示這支股票後市看好，不要急著賣出。

二〇、價漲量縮（跌則例外），顯示這支股票已被惜售，要儘快找買點。

廿一、價漲量縮（鎖住漲停例外），顯示這支股票追高者少，要儘快找賣點。

廿二、價跌量大，顯示這支股票後市看淡，有人大量拋出，不要急於介入。

廿三、量價背離，翻臉像翻書。

廿四、利多出盡不漲應賣出，利空出盡不跌應買進。

廿五、只有好價格，沒有好股票。

廿六、選小不選大，買小不買大。

廿七、漲勢不言頂，跌勢不言底。

廿八、當沖出手，買得越少，心理壓力越小，勝算越大。

廿九、多頭市場拉回量縮時做多；空頭市場反彈無力時做空。

三十、做多不賺錢就是盤勢偏空；做空不賺錢就是盤勢偏多；多空難賺是盤整。

卅一、股票投資不是多人遊戲，而是一個人的遊戲，你必須自己做出判斷。

卅二、股市把錢從活躍的人口袋裡，轉到有耐心的人手中。

卅三、低進高出，就是贏家。

卅四、趨勢不容易改變，一旦改變，短期不容易再改變。

卅五、低點不再屢創前高是漲，高點不再屢破前低是跌。

卅六、上漲常態不須預設壓力，下跌常態不要預設支撐。

卅七、漲升是為了之後的跌挫，跌挫是為了之後的漲升。

卅八、上漲常態找變態賣空點，下跌常態找變態買補點。

卅九、漲升過程一定注意氣勢，跌挫過程不管有無本質。

四〇、漲跌趨勢都是我們的朋友，懂得順勢就能成為好友。

四一、每根Ｋ線都有意義，每根Ｋ線都是伏筆。

四二、量能比股價先甦醒，也同時比股價先行。

四三、漲升中的量大量小，是由空方來作決定。

四四、跌挫中的量大量小，是由多方來作決定。

四五、多空的勝負雖在價，但決定卻是在於量。

四六、高檔量退潮防大跌，低檔量漲潮預備漲。

四七、量大作多套牢居多，量小作空軋空伺候。

四八、市場並沒有新鮮事，只是不斷地在重複。

四九、股市贏家一定會等，市場輸家乃敗在急。

五〇、利空出盡反向買補，利多出盡反向賣空。

五一、股市所有金銀財寶，統統隱藏在轉折裡。

五二、不要用分析的角度操盤，而要以操盤的角度分析。

五三、在線型最好時賣出多單，在線型最差時注意買訊。

五四、要善用漲升過程的回檔，因非跌挫即是加碼時機。

五五、要善用跌挫過程的反彈，因非漲升即是加空時機。

五六、線下只搶短主軸在作空，線上只短空主軸在作多。

五七、賺錢才加碼賠錢不攤平，正確的動作不斷的重複。

五八、買前不預測買後不預期，只按表操課不必帶感情。

五九、如果是在漲勢，作多一定會賺；作多不賺，就不是漲勢。

六○、如果是在跌勢，作空一定會賺；作空不賺，就不是跌勢。

六一、賺錢才能加碼，賠錢不可攤平。

六二、利多出盡是利空，利空出盡是利多。

六三、做對就加碼，跌破加碼點就全數出場。

六四、利多不漲先砍，利空不跌先買。

六五、尊重趨勢，見風轉舵。

六六、先學會做空，再學會做多。

六七、君子問凶不問吉，高手看盤先看跌。

六八、短期均線最佳拍檔：強調5日均線，依託10均線，扎根30均線。

六九、股性是否活躍，是當沖的重要標準之一。

七○、下降通道搶反彈，無異於刀口舐血。

七一、再差的股都有讓您賺錢的機會，關鍵是看介入的時機是否恰當。

七二、適可而止，見好就收；一旦有變，落袋為安。

七三、買股時勿衝動，賣股時要果斷。

七四、買賣股票應忌貪戰、戀戰，更忌打持久戰。

七五、最大的利好是跌過頭，最大的利空是漲過頭。

七六、常賺比大賺更重要，不僅使你的資金越滾越多，而且能保持良好心態。

七七、不斷地吸納股性，不斷地忘卻人性。只有這樣，才能與市場融為一體。

七八、該跌的不跌，理應看漲；該漲的不漲則堅決看跌。

七九、培養冷血面對市場激情，只有理性才能過濾市場雜音。

八〇、投資單一標的，應分批買進。

八一、久盤必跌。

八二、何時買賣股票，遠比買賣什麼股票來得重要。

八三、知錯即改，切忌小錯釀大錯；保存實力，才有翻身的機會。

八四、不要把雞蛋放在同一個籃子裏，也就是不要獨押一檔股票。

八五、如果對自己所投資的股票產生懷疑，別再堅持，要及早放棄。

八六、先看可賠多少，再算可賺多少。

八七、不可讓獲利變虧損，不可放任虧損繼續。

八八、不可攤平虧損單子，遵守分批進場原則。

八九、遵守分散風險原則，遵守停損停利原則。

九〇、空間停損控制縱軸，時間停損掌握橫軸。

九一、即使贏不了也絕不要賠，即使賠錢了也盡量要少。

九二、各式各樣的投機大錯中，絕沒有像「損失之後急著去攤平」那麼嚴重。

九三、控制虧損，才能讓利潤越滾越大。

九四、有經驗的老手在股價跌7%~8%就已殺出。

九五、買股的錢一定要是閒錢，能長期持有，才不會追漲殺跌。

九六、賣完股票要忘記它，萬一股價狂飆別難過，你已是實現獲利的贏家。

九七、多頭三買：量縮時買、指標在低檔時買、靠近支撐區時買。

九八、空頭三賣：量大時賣、指標在高檔時賣、靠近壓力區時賣。

九九、老婆要選自己中意的，股票要挑別人喜歡的。

一〇〇、價格是你付出的，價值才是你得到的。

・國家圖書館出版品預行編目資料

當沖大王	/方天龍 作.
-- 增訂初版 . -- 臺北市：	恆兆文化，2013.10
208面； 21公分×28公分	（股票超入門；4）
ISBN 978-986-6489-54-9 （平裝）	
1.股票投資 2.投資技術 3.投資分析	
563.53	102018915

股票超入門系列 04：

當沖大王

出 版 所	恆兆文化有限公司
	Heng Zhao Culture Co.LTD
	www.book2000.com.tw
發 行 人	張正
作 者	方天龍
封 面 設 計	一瓶
版 次	增訂初版
插 畫	韋懿容
電 話	＋886-2-27369882
傳 真	＋886-2-27338407
地 址	台北市吳興街118巷25弄2號2樓
	110,2F,NO.2,ALLEY.25,LANE.118,WuXing St.,
	XinYi District,Taipei,R.O.China
出 版 日 期	2013/10
I S B N	978-986-6489-54-9(平裝)
劃 撥 帳 號	19329140 戶名 恆兆文化有限公司
定 價	450元
總 經 銷	聯合發行股份有限公司 電話 02-29178022

特別銘謝：
本書採用之技術線圖與資料查詢畫面提供：
嘉實資訊股份有限公司

網址：http://www.xq.com.tw